U0744113

本专著为浙江省属高校基本科研业务费人文社科专项重点项目"中国海洋法律文本英译研究"(2021RD003)阶段性成果。

本专著也是浙江海洋大学外国语学院海洋应用语言与文化研究院海洋特色专著之一,获得外国语学院学科建设专著资助。

在此致谢。

中国海洋法律文本英译问题评析与解决对策研究

胡则远　等　著

浙江工商大学出版社
ZHEJIANG GONGSHANG UNIVERSITY PRESS
·杭州·

图书在版编目(CIP)数据

中国海洋法律文本英译问题评析与解决对策研究 /
胡则远等著. —杭州:浙江工商大学出版社,2022.5
ISBN 978-7-5178-4620-8

Ⅰ.①中… Ⅱ.①胡… Ⅲ.①海洋法—法律文书—英
语—翻译—研究—中国 Ⅳ.①D926.134

中国版本图书馆 CIP 数据核字(2021)第154778号

中国海洋法律文本英译问题评析与解决对策研究
ZHONGGUO HAIYANG FALYU WENBEN YINGYI WENTI PINGXI YU JIEJUE DUICE YANJIU

胡则远 等 著

责任编辑	张莉娅	
责任校对	李远东	
封面设计	浙信文化	
责任印制	包建辉	
出版发行	浙江工商大学出版社	
	(杭州市教工路198号 邮政编码310012)	
	(E-mail:zjgsupress@163.com)	
	(网址:http://www.zjgsupress.com)	
	电话:0571-88904980,88831806(传真)	
排 版	杭州朝曦图文设计有限公司	
印 刷	杭州高腾印务有限公司	
开 本	710mm×1000mm 1/16	
印 张	14.75	
字 数	256千	
版 印 次	2022年5月第1版 2022年5月第1次印刷	
书 号	ISBN 978-7-5178-4620-8	
定 价	68.00元	

版权所有 侵权必究

如发现印装质量问题,影响阅读,请和营销与发行中心联系调换

联系电话 0571-88904970

序　言

　　党的十八大报告明确指出:"提高海洋资源开发能力,发展海洋经济,保护海洋生态环境,坚决维护国家海洋权益,建设海洋强国。"建设海洋强国,除了要有与本国国情相适应的海上防卫力量外,还应综合运用行政、法律、经济等手段,其中最重要的就是要完善海洋法律法规并实现国际精准传播。我们应在现有海洋法律法规的基础上,进一步完善海洋法律法规体系,尽快出台《海洋基本法》。由于海洋法具有涉外性,海洋法的国际精准传播非常重要,直接关系到我国的海洋涉外法治。海洋法律的对外精准传播是建设海洋强国的重要保障。多年来,我国海洋法律文本英译虽然取得了一定成绩,但依然存在与国际海洋法律英语表述不一致、译本互相孤立、术语混乱、语言不规范等诸多问题,很难满足我国海洋强国战略需求。

　　针对这一情况,浙江海洋大学海洋应用语言与文化研究院经过反复研讨,确定通过本专著推动中国海洋法律文本的英译版的整体研究,基于文本细读,以问题为导向,评析中国海洋法律主要文本的汉英译本典型问题,并结合法律翻译理论,提出相关原则以解决中国海洋法律文本翻译的突出问题。

　　本专著将海洋法律文本英译作为一个整体进行研究,对我国涉外法治和海洋法治具有重要意义。目前我国海洋法律文本英译研究尚在起步阶段,观点比较零散,特别需要我们开展整体研究,通过宏观地发现问题、分析问题和解决问题,全面提高我国海洋法律汉英翻译的质量,也为我国即将颁布的其他海洋法汉英翻译提供参考,对未来创建法律翻译学科也具有一定的引导意义。过去的法律翻译研究往往缺乏系统性,为了说明问题,研究者往往四处搜罗例子,而这些例子来自不同的法律部门,研究者往往很难形成一种具有普遍性的理论提炼。本专著将海洋法律文本作为一个整体来研究,有利于在同一个法律部门的条文翻译中进行总结归纳,从而形成相对系统的法律翻译原则和方法。

　　本专著旨在发挥海洋法律文本翻译研究的引领作用,迈出该领域翻译研究的第一步,引起翻译界的共鸣,呼唤更多的翻译专家关注海洋法律翻译问题,改进翻译质量,为我国海洋法律的国际精准传播做出应有的贡献。本专著是浙江海洋大学海洋应用语言与文化研究院三位研究员的协力之作,开拓之作。全书共有十一章,其中第一章和第二章由刘法公教授(完成5万字)和姚艳波副教授(完成3000字)合写,其余各章由胡则远博士撰写。由于我们初涉该领域翻译研究,水平所限,本书定有不少不足之处,欢迎广大专家学者和读者不吝赐教,以便我们日后在研究中不断改进。

胡则远　刘法公　姚艳波

2022年5月20日于舟山

目　录

第一章

海洋法律英语的基本概念和研究范畴

第一节 海洋法律英语的本质

谈到海洋法律英语,大家多有茫然,因为它尚未自成一体,更没有如同商务英语或法律英语那样成为单独的学科分支或交叉学科专业。海洋法律英语隶属于法律英语,是专门用途英语(ESP)的一个分支,我们可以将其定义为"海洋法律文本或海洋法律事务国际沟通中使用的,融合海洋科学、法学、英语语言学三个学科的,在词汇、句法、概念、文体等方面特色明显的专门用途英语"。海洋法律英语的英语专名是 Marine Legal English 或 English for Marine Law。

海洋法律英语在海洋法律文本中除了显现出很多与法律英语共有的特点外,还有不少涉及海洋科学的知识与概念,所以英语专业学者若涉入海洋法律英语译写或海洋法律事务国际沟通领域,就必须单独学习,专门研究,配备专门知识概念,才能有效完成相关工作。没有海洋科学基础知识,没有法学功底,英语水平再高也难以径直从事海洋法律国际工作。

从语言层面上看,海洋法律英语与法律英语有共性:两者不仅包括英语本身,还吸纳了很多其他语种的词汇和固定表达法,如拉丁语、法语、希腊语等。很多在普通英语中几乎未见踪影的词语,在法律英语中却频频使用,如:jus civile(市民法);ac(行为);duress(胁迫);等等。拉丁语对法律英语贡献最大,拉丁词在法律英语中随处可见,如:actusreus(致罪行为);ad diem(在指定日期);status quo(现状);infra annosnubiles(未到结婚年龄);naturalis possesio(自然占有);等等。法语词在法律英语中也不少,如:loifondamentale(根本法);questionnaire(调查表);saisie(查封、扣押);voir dire(预先审查);writ demesne(中间令状);等等。古英语及中古英语词汇在现代英语中罕见,而在法律英语中却保留较多,如:therein(在其中);thereinafter(在下文中);thereof(其);thereto(附随);herewith(与此一道);whereas(鉴于);thence(从那里);aforesaid(上述的);等等。

这类词语常见于法律文本,语义固定,概念对应。普通英语译写,我们掌握5000—8000个词汇就够用,而法律英语译写,掌握10000—13000个词汇都算是"捉襟见肘"。海洋法律英语译写涉及的词汇量更是庞大,至少需掌握15000个词汇。

从知识层面上看,海洋法律英语是海洋科学、法学、英语语言学三位一体的交叉结合,是法律英语中的深层次,是以英语学科为主、海洋科学与法学为辅的专业领域。有海洋科学与法学基础知识做支撑,从业者专门学习和研究海洋法律英语后,才能从事海洋法律英语译写与沟通工作。

海洋法律英语最显著的特点表现在词汇上。几乎每一个或每一组海洋法律英语词都对应特定的海洋法律概念。固定的词或词组所表述的概念相对固定,换词则概念偏离。海洋法律英语文本用词精确,概念固定。为精确表达法律概念,海洋法律英语惯常使用的固定词组固定对应着精确一致的法律概念,如:without prejudice to(不损害/不影响……的情况下);nothing contained herein shall(本文所载任何内容都不);all the parties to the dispute(涉事方);by recourse to(依靠);regime of islands(岛屿制度);exclusive economic zone(专属经济区);等等。

学习海洋法律英语,实际上就是我们对海洋法律知识和概念的认知过程。要将掌握固定术语与掌握涉海概念相结合。例如,我们接触 transit passage(过境通行)这个术语,就必须一并牢记其概念:"专为在连接公海或专属经济区一个部分与公海或专属经济区另一部分的海峡为继续不停或迅速过境而自由航行或飞越。"transit passage 这个词组与"过境通行"的海洋法律概念不能脱离使用,否则概念不通。再如,high seas(公海)绝非"公共海域"的简称,更不能写成 public seas,而是被赋予特定概念的海洋区域名称。据《联合国海洋法公约》(United Nations Convention on the Law of the Sea, UNCLOS)第七部分"公海"的解释,high seas(公海)指"不包括在国家的专属经济区、领海、内水或群岛国的群岛水域以内的全部海域。'公海'供所有国家平等共用,不属于任何国家领土的组成部分,也不处于任何国家的主权之下;任何国家不得将公海的任何部分据为己有,也不得对公海本身行使管辖权"。high seas 所蕴含的一系列复杂概念与词语相互依存,我们在记住 high seas 的同时,必须联想其内涵。因此,把"公海"写成 international waters 或 open sea 都是"张冠李戴"的结果,概念所指不一致。

这类海洋法律概念术语的用词和结构非常固定,任何名词单复数或介词的变化都是不允许的。例如,freedoms on the high seas(公海自由)在《联合国海洋法公约》中特指缔约国使用特定海洋的自由,包括:自由航行;自由飞越;自由铺设海底线缆和管道;自由建设人工岛礁和国际法允许的其他设施;自由捕捞;自由从事海洋科研。这些自由都是在不损害其他缔约国利益的基础上行使的。这些概念与 freedoms on the high seas 一体化关联,给我们记忆和使用术语增加了规约。这都是由海洋法律英语的本质所决定的。

法律的本质是语言,法律离不开语言的解释。海洋法律也遵循严格解释原则,书面英语文字是法官解释海洋法律文件的唯一依据。这就要求海洋法律英语逻辑必须清晰,用词和表达必须准确,文体必须得当。海洋法律的准确性,主要表现在大多术语都有极高精确度的含义,即使是囊括性(inclusive)用语也不能因个人理解而出现法律概念上的偏差。海洋法律英语中,表示时间、范围、程度的副词使用严格。

第二节　海洋法律英语的研究意义

海洋法律英语对接国家战略,护卫国家海洋强国建设,助力实现中华民族伟大复兴的中国梦。研究海洋法律英语是围绕国家战略开展工作,意义十分重大。党的十八大以来,党和国家特别重视建设海洋强国。我们从以下几个方面加深认识。

一、习近平总书记建设海洋强国的重要思想

党的十八大以来,习近平总书记准确把握时代大势,科学研判我国海洋事业发展形势,围绕建设海洋强国发表了一系列重要讲话,作出了一系列重大部署,形成了逻辑严密、系统完整的海洋强国建设思想。这些思想为我们新时代发展海洋事业,形成了建设海洋强国的理论基础和行动指南,主要包括:

(一)党的十八大作出了建设海洋强国的重大部署。实施这一重大部署,对推动经济持续健康发展,对维护国家主权、安全、发展利益,对实现全面建成小康社会目标、进而实现中华民族伟大复兴都具有重大而深远的意义。(在十八届中共中央政治局第八次集体学习时的讲话,2013-07-30)

(二)海洋事业关系民族生存发展状态,关系国家兴衰安危。要顺应建设海洋强国的需要,加快培育海洋工程制造业这一战略性新兴产业,不断提高海洋开发能力,使海洋经济成为新的增长点。(在考察大连船舶重工集团海洋工程有限公司时的讲话,2013-08-28)

(三)中国政府愿同相关国家加强沟通和合作,共同维护海上航行自由和通道安全,构建和平安宁、合作共赢的海洋秩序。(在澳大利亚联邦议会上的演讲,2014-11-17)

(四)要加强海上互联互通建设,推进亚洲海洋合作机制建设,促进海洋经济、环保、灾害管理、渔业等各领域合作,使海洋成

为连接亚洲国家的和平、友好、合作之海。(在博鳌亚洲论坛2015年年会上的演讲,2015-03-28)

(五)坚持陆海统筹,加快建设海洋强国。海洋是经济社会发展的重要依托和载体,建设海洋强国是中国特色社会主义事业的重要组成部分。(在中国共产党第十九次全国代表大会上的报告,2017-10-18)

(六)要发展海洋科技,加强深海科学技术研究,推进"智慧海洋"建设,把海南打造成海洋强省。(在庆祝海南建省办经济特区30周年大会上的讲话,2018-04-13)

(七)海洋是高质量发展战略要地。要加快建设世界一流的海洋港口、完善的现代海洋产业体系、绿色可持续的海洋生态环境,为海洋强国建设作出贡献。(参加第十三届全国人大一次会议山东代表团审议时的讲话,2018-03-08)

(八)海洋经济发展前途无量。建设海洋强国,必须进一步关心海洋、认识海洋、经略海洋,加快海洋科技创新步伐。(在考察青岛海洋科学与技术试点国家实验室时强调的内容,2018-06-12)

(九)我们人类居住的这个蓝色星球,不是被海洋分割成了各个孤岛,而是被海洋连结成了命运共同体,各国人民安危与共。……国家间要有事多商量、有事好商量,不能动辄就诉诸武力或以武力相威胁。……中国提出共建21世纪海上丝绸之路倡议,就是希望促进海上互联互通和各领域务实合作,推动蓝色经济发展,推动海洋文化交融,共同增进海洋福祉。(在青岛会见出席中国人民解放军海军成立70周年多国海军活动的外方代表团团长时的讲话,2019-04-23)

（十）海洋是高质量发展战略要地。……要加快海洋科技创新步伐，提高海洋资源开发能力，培育壮大海洋战略性新兴产业。要促进海上互联互通和各领域务实合作，积极发展"蓝色伙伴关系"。（给中国海洋经济博览会开幕式的贺信，2019-10-15）

二、国务院和全国人大的重要指示

为贯彻落实习近平总书记建设海洋强国的重要思想，全国人大常委会和国务院做了大量具体工作，主要有：

（一）2018年12月27日，第十三届全国人大常委会第七次会议审议了国务院《关于发展海洋经济 加快建设海洋强国工作情况的报告》，提出坚持陆海统筹、加快建设海洋强国，是党的十九大作出的重大部署，事关民族生存发展和国家兴衰安危。我们要深入学习贯彻习近平总书记关于建设海洋强国的重要论述，坚决维护我国海洋权益，大力发展海洋高新技术，打造现代化的海洋经济，推动海洋强国建设不断取得新成就。同时强调，当前国家战略层面已将海洋产业作为挖掘新动能的主力。国家应加大海洋人才培养力度，进一步整合高校、科研院所等海洋科研教学资源，鼓励"双一流"大学设立海洋学院和海洋专业。加大海洋人才培养力度，加强与国外海洋研究领域优秀科研机构、领军人才交流合作的力度。

（二）2018年12月28日，国务院提交的《关于发展海洋经济 加快建设海洋强国工作情况的报告》指出，我国既是陆地大国，也是海洋大国。发展海洋经济、加快建设海洋强国，符合我国经济社会发展规律和世界发展潮流，关系现代化建设和中华民族伟大复兴的历史进程。在坚定维护国家海洋权益的同时,推进建设21世纪海上丝绸之路,深度参与全球海洋治理。报告建议,强化海洋强国建设的制度供给,建立海洋经济高质量发展指标体系,提出优化海洋产业结构、提高海洋经济质量效益等方面的政策措施。同时,加快涉海法律研究制定和修订,完善配套制度和部门规章。

(三)2021年12月15日,国务院批复了国家发展和改革委员会、自然资源部提交的《"十四五"海洋经济发展规划》(以下简称"《规划》"),并要求,《规划》实施要以习近平新时代中国特色社会主义思想为指导,深入贯彻党的十九大和十九届历次全会精神,坚持稳中求进工作总基调,立足新发展阶段,完整、准确、全面贯彻新发展理念,构建新发展格局,推动高质量发展,以深化供给侧结构性改革为主线,以改革创新为根本动力,以满足人民日益增长的美好生活需要为根本目的,坚持系统观念,更好统筹发展和安全,优化海洋经济空间布局,加快构建现代海洋产业体系,着力提升海洋科技自主创新能力,协调推进海洋资源保护与开发,维护和拓展国家海洋权益,畅通陆海连接,增强海上实力,走依海富国、以海强国、人海和谐、合作共赢的发展道路,加快建设中国特色海洋强国。

三、中国民主党派提出建议,推动海洋经济发展

2021年2月26日,致公党中央提交的《关于协调推进海洋资源保护与开发的提案》,主要包括六条建议,每条建议都涉及海洋建设的紧迫任务:

（一）完善顶层设计，统筹蓝色国土的保护与开发。制定发展战略，涵盖海洋资源的保护、开发、合作与维权等。

（二）完善法治建设。尽早出台《中华人民共和国海洋基本法》，加快修订《中华人民共和国海域使用管理法》《中华人民共和国海岛保护法》《中华人民共和国海洋环境保护法》《中华人民共和国渔业法》等。

（三）协调管理机制。成立国家级海洋委员会或领导小组，对海洋资源在国家层面实行跨部门统筹管理；加强跨部门协调联动，推动部门间政策沟通、工作协调和监督管理。

（四）坚持生态优先，实施海洋生态环境综合治理。重点防控海洋养殖污染。合理规划养殖空间，控制养殖规模，规范养殖行为，减少过量投饵、滥用抗生素等现象；开展海上养殖综合整治，加快新型材料替换升级，推动海水养殖业绿色发展。

（五）优化产业结构，促进海洋经济高质量发展。培育壮大海洋新兴产业。加强海洋可再生能源利用，建设大数据平台，组建产业联盟，拓展海洋能应用范围，推动与海洋经济活动的深度融合；推动海水利用、海洋电力、海洋生物医药等战略性新兴产业规模做大。加快发展现代海洋服务业。挖掘滨海旅游资源的社会价值、科学价值和文化价值，推进滨海旅游多元化发展；加强重点港区公共基础设置建设，完善现代港口物流体系。引导金融、保险和社会资金投向海洋发展领域。探索设立海洋经济发展基金、海洋开发银行，积极发展涉海保险。

（六）加强科技引领，提升海洋科技创新能力。围绕海洋核心关键技术加大自主创新。加强海洋科学与技术国家实验室建设，发挥其在海洋科技中基础研究、前沿探索、技术创新、成果转化、人才培育和国际合作中的领军和示范作用。在科技计划专项中侧重支持海洋生物、海洋可再生能源、海水淡化、海洋装备研发和应用等核心关键技术的攻克。

该提案特别强调"加快制定海洋创新人才发展规划,形成基础研究人才、技术研发人才、复合型国际人才等各类海洋人才衔接有序、梯次配备、合理分布的格局"。

四、沿海省市相继出台规划、法规文件,实施海洋强省、强市战略

(一)《浙江省海洋经济发展"十四五"规划》

浙江发布《浙江省海洋经济发展"十四五"规划》,将建设世界级临港产业集群,增强海洋经济对外合作。

2021年6月22日,浙江省发展和改革委员会在杭州召开浙江省海洋经济发展"十四五"规划新闻通气会,确定"十四五"期间浙江省将"全省域"发展海洋经济,提升海洋科创平台能级,并建成一批世界级临港先进制造业和海洋现代服务业集群,增强海洋经济对外开放能力,深度参与国际海洋经贸合作。认为当前浙江海洋强省建设面临着机遇和挑战,谋划提出了海洋经济实力稳居第一方阵、海洋创新能力跻身全国前列、海洋港口服务水平达到全球一流、双循环战略枢纽率先形成、海洋生态文明建设成为标杆等五大总体目标。

（二）《舟山市推进海洋经济高质量发展当好海洋强省建设主力军行动计划（2021—2025年）》

2021年11月15日，舟山市人民政府发布《舟山市推进海洋经济高质量发展当好海洋强省建设主力军行动计划（2021—2025年）》（以下简称"《行动计划》"），全面深入贯彻习近平总书记关于建设海洋强国的系列重要论述和指示批示精神，认真落实浙江省委省政府发展海洋经济、建设海洋强省的决策部署，加快推进舟山市海洋经济高质量发展，当好海洋强省建设主力军。

《行动计划》的总体要求包括"指导思想""基本原则"和"任务目标"，思想明确，原则清晰，任务具体。尤其是经济目标要求到2025年，全市生产总值达到2500亿元，年均增长8%，人均生产总值达到20万元；海洋经济增加值占生产总值比重达到70%以上，力争达到75%。值得注意的是，2021年舟山市生产总值是1703.6亿元，居全省11个地级市之末，但舟山市常住人口约115.8万，在全省11个地级市中最少。以此人口为基数，舟山市2021年人均生产总值约为14.71万元，排在杭州、宁波之后，居全省第三位，比全省人均生产总值高了3.32万元，人均情况良好。

舟山"十四五"期末生产总值达到2500亿元，主要依靠海洋经济综合实力的提升，即，"现代海洋产业体系更加优化""海洋科技创新动力逐步加强""海洋生态安全屏障更为牢固"，离不开"区位、海洋、港口、岸线等重要资源优势，切实承担海洋强国建设示范区、保障国家能源经济安全等使命担当，继续深化浙江舟山群岛新区、浙江自贸试验区、舟山江海联运服务中心等重大战略"，更离不开"建设石化新材料、海洋智能制造、海洋生物、海洋电子信息等四大科创高地"。

《行动计划》明确提出积极打造一批海洋新材料"高尖精特"实验室、研发中心。支持浙江海洋大学、浙江大学海洋学院建设国内一流海洋院校,与国内外高水平大学开展交流培养、合作科研等。强化产学研协同,"十四五"期间组织实施重大科技项目100项以上,认识到事业发展人才为先的重要性,要求完善海洋人才激励政策,实施"舟创未来"海纳计划,加快人才飞地建设。实施海洋领域新时代工匠培育工程,鼓励合作定向培养海洋专业人才。强化节约集约,积极向上争取用海指标,更好保障重大战略项目用海需求。

舟山的发展定位离不开一个"海"字,具体内容是:联动宁波舟山建设海洋中心城市,集聚海洋经济优势资源。打造宁波舟山港世界一流强港,一是完善世界一流港口设施,打造世界级全货种专业化泊位群,创建智慧绿色平安港口,持续提升宁波舟山港在国际货运体系中的枢纽地位,二是着力打造宁波东部新城和舟山新城两大航运服务高地,打造一批航运服务新载体。

(三)《江苏省"十四五"海洋经济发展规划》

2021年8月10日,江苏省印发实施《江苏省"十四五"海洋经济发展规划》,提出的海洋经济发展定位是"打造具有国际竞争力的海洋先进制造业基地、全国领先的海洋产业创新高地、具有高度聚合力的海洋开放合作高地、全国海洋经济绿色发展先行区、美丽滨海生态休闲旅游目的地"。

在发展目标上,《江苏省"十四五"海洋经济发展规划》提出,到2025年,江苏省海洋生产总值达到1.1万亿元左右,占地区生产总值比重超过8%。全省海洋经济实力显著增强,海洋科技创新更趋活跃,现代海洋产业体系加速构建,海洋生态环境保护成效彰显,海洋管理服务水平稳步提升,高水平海洋开放新格局基本形成,海洋强省建设迈上新台阶。可见,海洋经济也是江苏省经济发展的重要增长极。

海洋强国建设战略是中国走向繁荣富强,实现中华民族伟大复兴的中国梦的必由之路,也是在与世界各国互联互通的过程中必然矛盾繁杂的过程。中国作为负责任的大国,解决国与国之间的矛盾和纷争时一直依法依规。中国所依据的一是《联合国海洋法公约》,二是中国发布的海洋法律法规,三是世界其他各国的海洋相关法律。要完成依法维护海洋权益,首先靠什么呢?

我们认为,建设海洋强国,人才是关键。海洋经济发展与世界各国的互联互通必不可少,依法办事,海洋法律人才是保障。海洋法律英语是海洋法律人才的基本工作语言,没有海洋法律英语沟通能力,就不可能承担其维护国家海洋权益的重任。有专家说:"中国要做世界强国,没有一个领先的涉外法律服务人才群体是不可能的。"同样,中国要做海洋强国,没有过硬的海洋法律英语人才队伍也是不可能的。贯彻建设海洋强国的重大部署,法律翻译不能缺位。中外海洋法律的交流,靠的是精准的法律翻译。没有海洋法律翻译的保障,难以建设海洋强国,更谈不上维护国家海洋权益,推动海上丝绸之路,构建各国合作共赢的伙伴关系。但是,海洋法律翻译质量欠佳,已经严重影响我国各界深度参与全球海洋治理,推动各国共享海洋的进程。

中国要发展成为经济强国,海洋经济潜力巨大,海洋发展的关键在人才。

第三节 海洋法律英语的研究范畴

中国建设海洋强国免不了与世界各国依法交流、交涉、交锋、解释、解决问题和争端。世界各国的海洋法律绝大多数用英语书写和沟通。我们只有掌握了世界各国共用的海洋法律语言,才能实现有效沟通交流。海洋法律英语的研究应首先包括:

一、多国共守的海洋法律

多国共守的海洋法律之一《联合国海洋法公约》,是联合国于1982年在牙买加召开的第三次会议所决议的海洋法公约。该公约于1994年11月16日生效,已获150多个国家批准。其附带的海洋公约有:

《南极海洋生物资源养护公约》

《欧盟共同渔业政策》

《西北大西洋渔业合作公约》

《防止船舶污染国际公约》

《联合国鱼类种群协定》

二、中国已发布的海洋法律法规

对照国际海洋法的英语表述,研究中国海洋法律法规(英文版)的内容、术语、句法、叙事范式、专用名称等方面的问题,提出解决方案,这是我们提高海洋法律译写能力的有效途径。中国已

发布的海洋法律法规大多都有汉英双语文本,例如:

《中华人民共和国深海海底区域资源勘探开发法》

Law of the People's Republic of China on the Exploration and Development of Resources in Deep Seabed Areas

《中华人民共和国领海及毗连区法》

Law of the People's Republic of China on the Territorial Sea and the Contiguous Zone

《中华人民共和国专属经济区和大陆架法》

Law on the Exclusive Economic Zone and the Continental Shelf of the People's Republic of China

《中华人民共和国海域使用管理法》

Law of the People's Republic of China on the Administration of the Use of Sea Areas

《中华人民共和国海洋环境保护法》

Marine Environment Protection Law of the People's Republic of China

《中华人民共和国渔业法》

Fisheries Law of the People's Republic of China

《中华人民共和国海岛保护法》

Law of the People's Republic of China on the Protection of Offshore Islands

《中华人民共和国海事特别诉讼法》

Special Maritime Procedure Law of the People's Republic of China

目前国家正在抓紧制定的《中华人民共和国海洋基本法》属于填补中国海洋法律空白的涉海法律,也必然以汉英双语对外公布。

三、一些英语国家发布的海洋相关法律

这些法律是我们必须熟悉的,能让我们在处理海洋事务过程中做到"知己知彼,百战不殆",同时也供我们学习借鉴,取长补短。这类法律有很多可供我们参考,例如:

《英国环境保护法》→ The Environmental Protection Act (UK)

《澳大利亚环境保护法》→ The Environmental Protection Act

《美国国家环境政策法》→ The National Environmental Policy Act

《加拿大海洋保护法(1999年)与海洋抛物法》→ The Canadian Environmental Protection Act, 1999 and Disposal at Sea

《美国渔业法(1998年)》→ The American Fisheries Act of 1998

《加拿大渔业法》→ The Canada's Fisheries Act

《英国渔业法(2020年)》→ The Fisheries Act 2020

《澳大利亚渔业法(1991年)》→ The Fisheries Act, Fisheries Management Act 1991

《新西兰渔业法(1996年)》→ The Fisheries Act 1996

这些英语国家的海洋相关法律,无论是用词术语还是法律叙事功能,都可以给我们起草和翻译中国的海洋相关法律提供可借鉴的表达。熟悉英语国家的海洋法律英语是承担中国海洋法律翻译任务的基础。

第四节　海洋法律英语的研究对象

　　海洋法律与其他法律的一个共同特点是:法律概念与法律专业术语固定对应。海洋法律英语的研究对象首先是概念和概念所对应的英语专名或译名,专名有错,概念必然有误,因为"不同语言文化体系之间的交流,概念是基础,因此译名问题是重中之重"(潘文国,2020)。海洋法律属于专门法律,英语术语表达特殊,并非一般词典就能解释。海洋法律英语译名的一致性是海洋法律有效国际沟通的前提。对于这方面的研究,我们应该从特殊的海洋法律英语术语入手,从中发现问题,分析问题,例如关于海洋法律英语专业词的固定统一,以《联合国海洋法公约》等国际海洋法律中的英语术语为标准,我们就能发现当前中国学界很多混乱的用词,请看表1.1。

表1.1　海洋法部分中文术语及其英译情况

海洋法中文术语	《联合国海洋法公约》中的英语词	中国学界混乱英语用词
领海	territorial sea	territorial waters/marine belt/ mare clausum/closed sea
毗邻区	contiguous zone	adjacent area
专属经济区	exclusive economic zone	exclusive economic waters
大陆架	continental shelf	marine shelf
国际航行的海峡	straits used for international navigation	straits used by international ships

续表

海洋法中文术语	《联合国海洋法公约》中的英语词	中国学界混乱英语用词
群岛国	archipelagic state	archipelago country
岛屿制度	regime of islands	insular system/island system
闭海	enclosed sea	closed sea/inland sea/interior sea/continental sea/internal seas
半闭海	semi-enclosed sea	semi-closed sea
内陆国	land-locked state	inland state
过境自由	freedom of transit passage	free transit
国际海底	international seabed	sea floor
海洋科学研究	marine scientific research	oceanographic research
出入海洋的权益	right of access to and from the sea	right of access to the sea
海洋环境保护	protection of the marine environment	marine environment protection
海洋政策	marine policy	ocean policy/oceans policy
海洋技术	marine technology	ocean technology
群岛水域	archipelagic waters	archipelagic sea area
海洋倾倒区	marine dumping site	region of random dumping
海岸线	coast line	beachline/sea line/shoreline
海域使用证	licence of sea area use	certificate of sea area use
无害通过权	right of innocent passage	right of inoffensive passage/right of harmless passage

海洋法律中涉及一些组织机构名称，我们如何翻译它们呢？是创译一番还是有所遵循？中国学界对此混乱的写法不少。对于组织机构名称，我们千万不能试图创译，无论翻译水平多高，在翻译组织机构名称方面都难有作为。我们唯有遵守"名从源主"（刘法公，2009）的原则，即以名称源头主人公布并使用已久的英语名称为标准，翻译这些机构名称时是沿用、遵循名称主人的固定译名，而不是创译。这个过程考验译者的不是机构名称翻译能力，而是译名溯源能力。例如表1.2所示。

表1.2 海洋法部分组织机构名中文及其英译情况

组织机构名称	"名从源主"英语名	学界混乱英语名
国际海洋法法庭	International Tribunal for the Law of the Sea (ITLOS)	International Marine Court/the International Tribunal on the Law of the Sea
国际海底管理局	International Seabed Authority (ISA)	International Sea-Bed Authority
大陆架界限委员会	UN Commission on the Limits of the Continental Shelf (CLC)	Commission on the Limits of the Continental Shelf
中华人民共和国自然资源部	Ministry of Natural Resources of the People's Republic of China	Ministry of Natural Resources
中国国家海洋局	State Oceanic Administration	State Bureau of Oceanic Administration/State Ocean Bureau
联合国海底委员会	United Nations Sea-Bed Committee	Sea-Bed Committee/Sea-Bed Commission/UN Sea-Bed Committee

续表

组织机构名称	"名从源主"英语名	学界混乱英语名
国际海洋考察理事会	International Council for the Exploration of the Sea	The International Council for the Exploration of the Seas
海洋研究科学委员会	Scientific Committee on Oceanic Research	The Scientific Committee on Oceanic Research
国际海事卫星组织	International Maritime Satellite Organization	International Maritime Satellite Service
大西洋组织常设会议	Standing Conference of Atlantic Organization	Permanent Meeting of the Atlantic Organization/Standing Conference of Atlantic Organizations

历史悠久的组织机构大多都有固定的英语名称,尤其是国际组织机构,英语名称是必备的,也是固定的。我们所见的其汉语名称基本上是从其英语名称翻译过来的,若再从汉语名称译成英语,就必须严格依照"名从源主"回译成原名,不能有丝毫差异,甚至连增减一个冠词,改变一个词的单复数或大小写的情况都不能有。

第五节　海洋法律英语的研究方法

研究海洋法律英语的方法很多,但与研究其他领域的法律英语非常相似。目前我们所见的主要研究方法有对比研究方法和语料库分析法。这两个方法的基本路径都是参考应用翻译理论，就专业术语、话语、句法、叙事方法、数据与年代、事件或引用法律名称等方面的问题，开展发现问题、分析问题、解决问题的应用研究。以实例证明问题的存在，以实据分析问题的严重性，以实用理论确定解决问题的策略、原则或方法。

海洋法律翻译研究并没有脱离翻译研究的大框架，即，语言学维度、文化维度和社会学维度。语言学领域，描写（descriptive）与规范（prescriptive）是对应的理论概念，也是对立的方法论。研究海洋法律翻译，进行描写性研究和规范性研究必不可少。

一、描写性研究

海洋法律翻译的描写性研究，是指根据语料库，运用英汉对比研究方法，参考应用翻译理论，从法律语言的用词特点、句法结构特点、篇章结构特点等方面开展发现问题、分析问题、解决问题的应用研究。下面先论述法律翻译的英语用词和句法特点。

（一）法律翻译的英语用词特点

法律翻译中的英语词语是构成法律语言的基本单位，词语运用在法律表述中起决定性作用。法律语言特点主要体现于其用词上。因此，法律用词特点是法律语言翻译研究的关键内容。关于法律英语语言特点的研究，威廉·M.欧巴尔（William M. O'BARR，1982）曾列出如下9个切入点：（1）含有法律专业意义的普通词；（2）来自古英语和中世纪英语的稀有词；（3）拉丁语词和短语；（4）普通词中未包括的法语词；（5）法律专业术语；（6）专业行话；（7）正式词语；（8）多义词语；（9）极端精确表达词语。法律英语词汇的这9个特点构成法律英语用词独特、表达固定、词与概念对应、法律内涵与术语统一的专业英语。

梅林科夫列出的9个特点中的(2)(3)(4)是法律英语语言所独有的,而其他几点也见于法律汉语语言。这说明不同语言的法律用词有一些共同点。中国学者在研究法律语言时把用词特点作为切入点的先例很多。孙懿华、周广然(1997)将法律用词概括为以下三类:(1)法律专业术语;(2)法律工作常用术语;(3)民族共同语中的其他基本词与非基本词。潘庆云(1997)讨论法律词语时提出过几个分类,即:立法部分的两类——法律词语和普通词语;立法文书部分的四类——法律术语、司法惯用语、文言词语和普通词语。海洋法律汉英翻译领域,我们目前可以研究的两个热点是:(1)普通词汇的特殊海洋法律含义;(2)海洋法律中的海洋特色词汇。

(二)法律翻译的句法特点

进行海洋法律汉英翻译时,特别需要关注法律英语句法特点的以下内容:

1. 陈述句型

法律英语和汉语句法最显著的特点之一是基本句型单一化——陈述句型。本特点显示出法律语言正面客观陈述事实的功能,同时也与法律语言的质朴特征相符。

2. 复合句

为保持法律语言精确和平实的特点,法律汉英语言皆主要用简短句式,但准确表达复杂逻辑关系时,复合句式也大量使用。法律语言复合句式通过各分句之间的逻辑关系表达法律寓意,分句间不同关系,使复合句构成并列、选择、递进、目的、假设、转折、解释等类型。

3. 并列复合句

并列复合句由两个或两个以上相互联系的分句组成,各分句表述相关的几件事或同一个事物的几个方面。使用并列复合句可以最大限度表达某一事物各方面的含义,以确保法律语言表述的周密性。

4. 选择复合句

选择复合句,指各分句之间的关系分几种,以选择确定分句的逻辑关系的复合句。各分句说明几种不同的情况时,汉语常用"或者",英语用"or/nor"表达。请看以下例句:

原文:通过是指为了下列目的,通过领海的航行:(a)穿过领海但不进入内水或停靠内水以外的泊船处或港口设施;或(b)驶往或驶出内水或停靠这种泊船处或港口设施。

译文:Passage means navigation through the territorial sea for the purpose of: (a) traversing that sea without entering internal waters or calling at a roadstead or port facility outside internal waters; or (b) proceeding to or from internal waters or a call at such roadstead or port facility.

上例中的(a)和(b)就是两个可供选择的逻辑关系分句,分别说明两种情况,显示出法律条文内容的涵盖面。

5. 递进复合句

递进复合句由两个或两个以上分句连接而成,后一个分句的寓意比前一个分句的寓意更进一层。分句之间的顺序固定,不能随意变动。递进复合句主要用来表示行为主体进一步的法律行为,汉语常用"而且""并""并且",英语用"not only ... but (also)..."等来引导,表示各句之间意思的递进关系。例如:

原文:当事一方不出庭或对其案件不进行辩护时,他方可请求法庭继续程序并作出裁决。当事一方缺席或对其案件不进行辩护,应不妨碍程序的进行。法庭在作出裁决前,必须不但查明其对该争端确有管辖权,而且查明所提要求在事实上和法律上均确有根据。

译文:When one of the parties does not appear before the Tribunal or fails to defend its case, the other party may request the Tribunal to continue the proceedings and make its decision. Absence of a party or failure of a party to defend its case shall not constitute a bar to the proceedings. Before making its decision, the Tribunal must satisfy itself **not only** that it has jurisdiction over the dispute, **but also** that the claim is well founded in fact and law.

上述例句中的递进复合句在法律汉英语言中普遍存在,密切了复合句之间的逻辑关系,表示步步深入的法律行为。

6. 目的复合句

目的复合句表达各分句间的行为和目的关系。法律的制定和实施都是为达到某一或某些目的,因而要表述某种行为目的,就必须用目的复合句。该逻辑关系表达方式,汉语多用"为了",英语多用"in order to"或"for the purpose of"等形式。例如:

原文:为了测算,水曲的面积是位于水曲陆岸周围的低潮标和一条连接水曲天然入口两端低潮标线之间的面积。

译文: **For the purpose of** measurement, the area of an indentation is that lying between the low-water mark around the shore of the indentation and a line joining the low-water mark of its natural entrance points.

7. 假设复合句

假设复合句表达分句间假设与结果的逻辑关系,即,分句提出假设,主句说明该假设变为现实后的结果,常用"if"等形式。法律语言中这种假设复合句比较常见,表现法律条文的适用情况,如:

原文:如果海湾天然入口两端的低潮标之间的距离不超过二十四海里,则可在这两个低潮标之间划出一条封口线,该线所包围的水域应视为内水。

译文: **If** the distance between the low-water marks of the natural entrance points of a bay does not exceed 24 nautical miles, **a closing line** may be drawn between these two low-water marks, and the waters enclosed thereby shall be considered as internal waters.

8. 转折复合句

转折复合句的分句间表示相反语义,罗列一些例外情况,表达补充条件、减罚免罚等含义,汉语常用"但""但是",英语则用"but""however"等形式。例如:

原文:为已提出划界案的沿海国国民的委员会委员,或曾提供关于划界的科学和技术咨询意见以协助该国的委员会委员,不得成为处理该案的小组委员会委员,但应有权以委员身份参与委员会处理该案的程序。

译文: Nationals of the coastal State making the submission who are members of the Commission and any Commission member who has assisted a coastal State by providing scientific and technical advice with respect to the delineation shall not be a member of the sub-commission dealing with that submission, **but** has the right to participate as a member in the proceedings of the Commission concerning the said submission.

法律汉英语言中的转折复合句功能广泛,突出了法律条文涉及的例外情况。法律的管辖范围都有例外,转折复合句就是提供了这种叙事功能。

9. 解释复合句

法律语言中的解释复合句表示分句之间互为解释和说明的关系,一般是后面的分句解释和说明前面的分句,多以总分和并列陈述的形式。例如:

原文:如果外国船舶在领海内进行下列任何一种活动,其通过即应视为损害沿海国的和平、良好秩序或安全:(a)对沿海国的主权、领土完整或政治独立进行任何武力威胁或使用武力,或以任何其他违反《联合国宪章》所体现的国际法原则的方式进行武力威胁或使用武力;(b)以任何种类的武器进行任何操练或演习。

译文:Passage of a foreign ship shall be considered to be prejudicial to the peace, good order or security of the coastal State if in the territorial sea it engages in any of the following activities: (a) any threat or use of force against the sovereignty, territorial integrity or political independence of the coastal State, or in any other manner in violation of the principles of international law embodied in the Charter of the United Nations; (b) any exercise or practice with weapons of any kind.

上述解释复合句中的(a)和(b)分句都是进一步解释前面主句的"活动"(activities)内容。这样的内容可以通过(c)和(d)的格式连续解释下去,直到把"活动"的内容穷尽。

10. 多用被动句式

英汉法律文件中,被动句式是主要句式,用于规定行为人的权利义务以及相关法律后果。法律文件中使用被动句式,重点在表述动作本身,突出动作的承受者,并客观描述有关事项。同时,被动句也体现法律英语庄严、客观、公正的文体特点。例如:

原文:如果扣押涉有海盗行为嫌疑的船舶或飞机并无足够的理由,扣押国应向船舶或飞机所属的国家负担因扣押而造成的任何损失或损害的赔偿责任。

译文:Where the seizure of a ship or aircraft on suspicion of piracy has been effected without adequate grounds, the State making the seizure shall be liable to the State the nationality of which is possessed by the ship or aircraft for any loss or damage caused by the seizure.

法律语言表述客观事实,突出动作的过程,规定行为人要履行的责任和义务,避免出现主动语态所显示的行为要求主体。

11. 名词化结构

名词化(nominalization)指从其他某个词类形成名词的过程或指由一个底层小句得出一个名词短语的派生过程,主要指广泛使用能表达动作或状态的抽象名词或其名词功用的非限定动词。

法律文体大量使用名词化结构,旨在保障语言表述的准确性、严肃性和权威性,避免出现歧义。法律文本中名词化结构能够使行文流畅、语句简洁、表达客观、概念精确。例如:

原文:本着以互相谅解和合作的精神解决与海洋法有关的一切问题的愿望,并且认识到本公约对于维护和平、正义和全世界人民的进步作出重要贡献的历史意义。

译文: Prompted by the desire to settle, in a spirit of mutual understanding and cooperation, all issues relating to the law of the sea and aware of the historic significance of this Convention as an important **contribution** to the <u>maintenance</u> of peace, justice and progress for all peoples of the world.

二、规范性研究

海洋法律翻译研究的另一个方法是规范性研究,是指以实用理论确定解决问题的策略、原则或方法,研究海洋法律翻译是否遵循准确严谨性原则、清晰简明性原则、前后一致性原则以及语言规范化原则。规范性研究通常针对海洋法律翻译中的客观问题,对问题的严重性和症结展开分析,运用相关翻译理论、原则、方法,提出解决问题的策略、原则、方法或技巧,使解决此类问题从此有了规范。这样的规范性研究也叫对策研究,是能够有效解决实际问题的研究。虽然有的规范性研究对策的有效性有待更多的实践检验,但是"有规矩才能成方圆"。当前海洋法律翻译可遵循的原则主要有:

（一）术语与概念准确对应原则

海洋法律翻译不仅是双语间的转换，更是原文术语与译文用词所传递的法律概念的精确对应，实现原文读者和译文受众思维中法律概念完全对接。法律汉英术语并非普通语义词，而是密切对应的法律概念。正确选用法律英语术语意味着接通译入语的法律概念。法律概念也就是法律文化，表达的是法律框架内法律术语的内涵，法律翻译用词与对应的法律概念脱节，就谈不上法律功能和信息等效，正如张法连（2019）教授所指出的，"在法律翻译过程中，译者必须充分了解中外不同法律文化的基本内涵和特色，语言文化双管齐下，从而实现等效法律翻译"。

法律业界一致认为，法律文本用词精确，概念固定。例如，为精确表达法律概念，法律英语惯常使用的固定词组虽显啰唆，却固定对应着精确一致的法律概念，如：without prejudice to（不损害/不影响……的情况下）；nothing contained herein shall（本文所载任何内容都不）；all the parties to the dispute（涉事方）；by recourse to（依靠）；regime of islands（岛屿制度）；exclusive economic zone（专属经济区）等词都表示绝对概念。

这些概念都涉及英汉法律概念的对应要求，不能出现法律术语内涵"张冠李戴"或"彼此分离"的翻译结果。无论是法律英语单一术语还是叠加词组，都具有使用固定、概念对应、内涵准确、语义清晰的特点。但是，当前中国海洋法律翻译质量不高，典型问题之一就是海洋法律英语译文使用的一些英语术语与法律概念不一致，例如，我们分析《中华人民共和国领海及毗连区法》海洋法律术语英语译文与其概念不对应的下列译例，可见问题的严重性：

例1：

原文：中华人民共和国毗连区为领海以外邻接领海的一带**海域**。毗连区的宽度为十二海里。(《中华人民共和国领海及毗连区法》第四条)

译文：The contiguous zone of the People's Republic of China is the <u>sea belt</u> adjacent to and beyond the territorial sea.

我们知道,法律文件中的专业术语所体现的概念与译文中的术语对应一致时,才能实现法律信息传递的严谨性,发挥应有的法律效力。法律术语精确对应译文术语是法律概念蕴含的法律效应对接的前提。但是,例1原文中"海域"的概念并不与译文sea belt对应一致,或者说"海域"与sea belt是两个不同的概念。"海域"指海洋中区域性的立体空间。从法律意义上讲,海域的概念可以分为《中华人民共和国海域使用管理法》层面上的海域、《中华人民共和国物权法》层面上的海域、国家主张管辖范围层面上的海域,既包括《中华人民共和国海域使用管理法》《中华人民共和国物权法》所调整的内水、领海海域,同时也包括专属经济区和大陆架,而sea belt则通常指生在浅海里的海藻,名为"海带"。单纯说belt,可表示"地带",英语定义是an elongated region having distinctive properties or characteristics(具有显著特性或特征的细长区域),如：a belt of cotton plantations(棉花种植带)。必须指出,sea与belt的搭配不能算是海洋专业术语。与belt搭配的术语可以是marine mineral belt(海洋矿产带)、an adjacent belt of sea(相邻的海洋地带)。把"海域"对应译成sea belt的情况,都是译者不顾概念对应,任意选词的结果。这种不顾概念对应而乱用术语的译例比较普遍地存在于中国的一些法律汉英译文中,导致信息传递失误,例如,《中华人民共和国海上交通安全法》(Law of the People's Republic of China on Road Traffic Safety)第二十四条和《中华人民共和国军事设施保护法》(Law of the People's Republic of China on the Protection of Military Installations)第十四条等条文中的"海域"均使用了 sea belt 来对应英译。为什么不可以呢?

汉语"海域"在概念上与英语术语 sea areas(复数)对应一致,是《联合国海洋法公约》中的惯用术语,而不是 sea belt 或 maritime space 之类的表达。法莱克斯(Farlex)的《自由词典》(*The Free Dictionary*)上 sea areas 的定义是"Sea areas include inner transport area, sea echelon area, fire support area, etc."(海域包括内部运输区、海上梯队区、消防保障区。),可见"海域"的概念非常广泛,内容多,并非 belt 所能涵盖。

例 2:

原文:中华人民共和国对领海的主权及于领海上空、领海的**海床**及底土。(《中华人民共和国领海及毗连区法》第五条)

译文:The sovereignty of the People's Republic of China over its territorial sea extends to the airspace over the territorial sea as well as to the **bed** and subsoil of the territorial sea.

上述例 2 译文中,"海床"的对应术语仅仅是 bed,虽然后面有"...of the territorial sea"这样的定语,仍然违背了法律术语与概念的精确对应性和法律语言的严谨性。目前中国学界翻译中"海床"的英语译名多样化,经常有 ocean bed、sea floor、sea ground 混用的情况。我们检索后发现《联合国海洋法公约》英文版有69处使用了 seabed 这个术语,《加拿大海洋法》中有11处使用了 seabed 这个术语,而这两部法律中对应"海床"使用 ocean bed、sea floor、sea ground 的情况一处也没有。这只能说明 seabed 是海洋法律术语,而 ocean bed、sea floor、sea ground 是普通术语,日常生活中可用,却不能在海洋法律中换用,尽管从《自由词典》对 seabed 的定义"the ground under the sea"(海下的地面)和对 sea floor 的定义"the solid surface underlying a sea or ocean"(海洋底部的坚固表面)中,我们看不出什么区别。法律语言的严谨性要求我们翻译选词时必须做到特定语境用特定专业术语,对应特定的概念,而不能"抓到篮子里就是菜",任意配词。海洋法律翻译中,把"海床"直译成 bed,就是译者无法律术语对应法律概念常识的表现。

汉英法律概念的对应一致,是法律汉英翻译信息精准传递的基本要求。原文的法律概念与译文传递的概念不一致,不但导致法律解读和适用的偏差、法律判定的失误,而且还造成中国法律国际传播的歪曲。法律是由国家行使立法权的机关依照立法程序制定,国家政权保证执行的行为规则。语言作为法律的表现形式和法律信息的承载体,必须体现法律的这种社会职能。法律的严肃性决定了法律语言必须准确和严谨。法律文件要求语言准确,法律文件的翻译亦是如此。准确性是法律文本翻译的根本,忠实于原文内容、力求准确无误是法律翻译区别于其他翻译的一个重要特征。法律文本的翻译稍有差错则含糊不清,哪怕是微小的失误,都有可能招致严重的后果。海洋法律翻译中,遵循法律术语与概念准确对应原则,就能有效保障法律信息的准确传递。

(二)表达清晰简明性原则

海洋法律语言,与其他法律语言一样,通常都是最正式、最规范的语言。用清晰的词语表达法律概念是法律语言最基本的要求。法律汉英翻译必须把握原文与译文表述清晰、内容简明原则,如果法律条文汉语原文很清晰,而英语译文模糊不清,就会使这些法律条文的传播出现障碍,甚至导致难以被执行。海洋法律汉英翻译在清晰简明性方面的目标就是原文与译文匹配,不能有原文清晰简明,而译文模糊抽象的情况。我们所见的海洋法律汉英译本违背文本清晰简明性原则的情况主要表现在:(1)汉语原文逻辑清晰简明,英语译文的逻辑混乱主题句错位,导致语义不清;(2)用词不准确,导致语义不清。以《中华人民共和国领海及毗连区法》英文版为例,我们看到,译者忽略汉语法律语言的隐性逻辑关系或隐性语义,按照汉语原文的语序逐字逐句翻译或按照自我理解的用词内涵任性翻译,导致英语译文逻辑不清晰,表达不明,主题语义模糊。请看例句:

例:

原文: **外国军用船舶**或者用于非商业目的的外国政府船舶在通过中华人民共和国领海时,违反中华人民共和国**法律**、**法规**的,中华人民共和国有关主管机关有权令其立即离开领海,对所造成的损失或者迫害,船旗国应当负国际责任。(《中华人民共和国领海及毗连区法》第十条)

译文:In the cases of violation of the laws or regulations of the People's Republic of China by a foreign ship for military purposes or a foreign government ship for non-commercial purposes when passing through the territorial sea of the People's Republic of China, the competent authorities of the People's Republic of China shall have the right to order it to leave the territorial sea immediately and the flag State shall bear international responsibility for any loss or damage thus caused.

对照汉语原文,英语译文中有很多词语表达模糊不清,请看:

(1)英语中有 in the case of 和 in case of,都表示"如果发生"的意思。如,"In case of emergency, break the glass and press the button."(遇到紧急情况时,击碎玻璃并摁下按钮。)。in case of 表示"如果发生……,若在……情况下,万一",侧重于预防,而 in the case of 意为"就……而言,至于,在……情况下",如,"Poverty depresses most people; in the case of him it was otherwise."(贫穷会把大部分人压垮,但对于他来说,情况可就不同了。)。英语中并没有复数 cases 形式的 in the cases of,所以其表示的语义不清。

(2)"外国军用船舶"被译为 a foreign ship for military purposes,意指"船的类型"还是"被用于执行军事任务的任何船舶"? 原文清晰,译文不清晰。《联合国海洋法公约》的英文中有类似的表述,用词很具体。"军用船舶"对应的英语术语是 warships,指其属性是军用船而非被用于军事任务的其他船。

(3)汉语原文"用于非商业目的的外国政府船舶"译为 a foreign government ship for non-commercial purposes,也比较模糊。a foreign government ship 仅表示属于政府的船,但 for non-commercial purposes 使人辨不清是指船的种类,还是"偶然被用于非商业目的"的情况。参照《联合国海洋法公约》的英文版中类似的表述"government ship <u>operated</u> for non-commercial purposes",定语词 operated 澄清了原译文的概念,即"被用于非商业目的的政府船",而不是指这种船的种类。

(4)原文"在通过中华人民共和国领海时"被译为 when passing through the territorial sea of the People's Republic of China,有歧义。是指正在做 passing 这个动作的时候呢,还是 passing 这个动作的整个过程情况呢?根据上下文,应该是后者。《联合国海洋法公约》的英文版中类似的表达 concerning passage through the territorial sea 可以很清晰地说明"在通过……领海时"是一种情况,而不是"正当做……动作的时候"。因此,"在通过中华人民共和国领海时"译为 concerning passage through the territorial sea of the People's Republic of China,才符合原文的内涵,也与《联合国海洋法公约》的英文表述通约。

(5)原文"中华人民共和国有关主管机关有权令其立即离开领海"被译为 shall have the right to order it to leave the territorial sea immediately,其中的 shall 放在 have the right 之前,表达的内涵与原文不对应。法律英语中 shall 的法律功能是"义务",表示"应该""必须",带有强制性。原文"有权"的主语是"中华人民共和国",并非谁"强迫"主语使用权利。所以该句译文使用 shall 令人莫名其妙,原文语义清晰,译文语义偏差。《联合国海洋法公约》英文版的类似表达中使用的是 may,请看例句,"the coastal State <u>may require it to leave</u> the territorial sea immediately"。译文使用

may才能恰当表达原文主语所具有的"权利",而不是谁强迫其做什么。may表示的法律功能是"权利",不带强制性。用may提出要求,表示"允许"或"许可"。

(6)原文"有权<u>令</u>其立即离开领海"中的"令"译为order,也是理解原文术语失误的表现。这里的"令"并非"命令",因为法律上"命令"属于"法令",指立法机关制定的法律与行政机关制定的命令之总称,具有复杂的颁布手续和执行要求。这里的"令"仅仅意指"要求",对应的英语词就是require,用order不符合原文的内涵。参考《联合国海洋法公约》英文版第30条,应该把"中华人民共和国有关主管机关有权令其立即离开领海"改译为"the competent authorities of the People's Republic of China <u>may have the right</u> to require it to leave the territorial sea immediately",才能将原文的语义清晰传递。

(7)原文全句有三组主语:①外国军用船舶或者用于非商业目的的外国政府船舶;②中华人民共和国有关主管机关;③船旗国。其中的主题是什么?英语译文按原文的句式把第一个主语句译成介词短语"In the cases of violation of the laws or regulations of...",把第二个主语句译成主题句"the competent authorities of the People's Republic of China shall have the right...",把第三个主语句译成并列句"and the flag State shall bear international responsibility..."。这就意味着全句以"the competent authorities of the People's Republic of China"(中华人民共和国有关主管机关)为主题,然而该句并非围绕这个主语叙事,而是说"谁"负国际责任,其他信息都是给这个主题提供附加信息。原译文主题模糊导致译文上下句之间缺乏一定逻辑性,信息琐碎,前后关联松散。法律英文句子通常将主题句置于句首,其他内容置后,而汉语法律条文通常将相对次要的信息置于句首。如果译者按汉语法律条文的句序"流水式"做汉英翻译,英译文的逻辑结构就会模糊不清,主题内容也会被弱化。法律翻译表达清晰简明性原则是比较难掌握的原则,译者必须先把原文的逻辑关系分析透彻才能清晰排列主题句和辅助句。按照本原则并参考《联合国海洋法公约》英文版第31条,例句的译文可改译成"<u>The flag State shall bear international responsibility for any loss or damage to China resulting from the non-compliance by a warship or other government ship operated for non-commercial purposes with the laws and regulations of the People's Republic of China</u> concerning passage through the territorial sea of the People's Republic of China, and the competent authorities of the People's Republic of China may have the right to require the ship to leave the territorial sea immediately."。改进译文的主题句,表达了该句最核心的法律信息,全句的逻辑关系紧密而清晰。"违反……法律"译成"violation of..."太绝对,覆盖面窄,而译成"non-compliance with...",则更具体,覆盖面更广。

法律文本译文在法律功能上与源语文本完全相同是法律翻译的目标,若达不到这个目标,则要么会模糊信息,导致英语读者难以获知法律条文内涵,要么会削弱法律译文应有的法律效果。

(三)术语一致性原则

海洋法律翻译,涉及翻译学、法学、海洋学,术语专业程度高,术语的概念严谨性强。术语一致性原则,指法律翻译的过程中使用同一个法律术语表示同一个法律概念,保持前后一致、上下文一致的术语一致性,而不是像文学翻译那样为语言的生动而多元化用词。法律翻译中,始终坚持用同一术语表示同一概念,是法律概念的严谨性所要求的。那些看似同义或近义的词语,有的是普通生活用语,有的语义单一,不是可以混用的。例如,法律中的"责任",英语有 responsibility、liability、duty、obligation 可供我们选择,但对于法律文书中"欠债不还要承担法律责任"中的"责任",法律英语就有特定的术语要求,译为"Refusing to pay off the debt, you shall bear the legal liability."才好。法律英语的任何同义词都有可能表示不同的概念,因此应严格禁止互换使用。法律翻译中,若碰到两个或两个看似同义或近义的法律术语,译者应首先认识到它们并非同义术语,而应尽力辨析它们之间的语义差别,运用范围各有所属,概念各有所指。

法律翻译涉及的两个翻译原则,功能最大的,一是通约性原则,即原文术语与译文术语概念相通,功能一致,达到信息对等,二是术语一致性原则,即同一个法律概念始终由同一个词语表达,而不能翻花样。法律翻译中,坚持法律翻译用词的一致性原则,是业内译者的共识,无人否认,却少有人遵守,成为久而未决的难题。克罗地亚里耶卡大学法学教授苏珊·沙切维奇(Susan Šarčević, 1997)强调:"首先,翻译人员须遵守语言的一致性原则。不鼓励在法律文本中使用同义术语,因为这会使人认为译者所指的是另一个不同的概念。"法律翻译中的一致性原则已被业界获知多年,但是实际使用效果不佳。汉英法律法规文本中依然充斥着同一汉语法律术语,英语译文中多译名表达的情况,并且有的英语译名属于译者自造,英语中无对应表达法。

法律翻译中,无视术语一致性原则的实例非常普遍,有的术语在英语中根本不存在,无法传递法律概念。我们经常发现,同样的汉语法律术语,英语译文则多种多样,未遵循法律翻译的术语一致性原则。请看实例:

例1:按规定

汉语法律文件中,经常有"按规定"这个术语,我们在各法律文件的英文版中可见到以下7个版本:

译文1: in accordance with relevant provisions

译文2: according to relevant regulations

译文3: according to ponderance

译文4: pursuant to relevant provisions

译文5: according to stipulation and standard

译文6: according to provisions

译文7: in accordance with provisions

以上汉语术语"按规定"的7个译文版本都不一致,也不正确,汉语"依规""依法"中的"依"与"按"同解,对应的法律英语表达是in accordance with。译文1貌似尚可,但因缺少关键的定冠词the而不正确。"依""按"之后的"法律"或"规定",并非任意的"法律"或"规定",而是具体到"国家""省市"或"领域"的特定法律法规,必须加the,写成如下范式:

A. in accordance with the relevant provisions(按规定)

B. in accordance with the Property Law of the People's Republic of China(依《中华人民共和国物权法》)

C. The people's court shall act <u>in accordance with the</u> procedures provided for in the laws of the PRC in providing judicial assistance. （人民法院提供司法协助，依照中华人民共和国法律规定的程序进行。）

术语"按规定"可见的7种英语译文，严重不一致，并非偶然。法律翻译实践中，不使用 in accordance with、不在"法律""法规"等词的英语前加定冠词 the 的情况普遍存在，原因之一是，法律翻译术语一致性原则尚未深入人心。有的译者的翻译能力尚处于"任意发挥"状态。相关的错误实例在国家各层级文件的英译本中也不少见，由此我们可认识到问题的严重性：

原文：<u>依照</u>法律规定，通过各种途径和形式管理国家事务，管理经济和文化事业，管理社会事务。（习近平在党的十八届四中全会第二次全体会议上的讲话）

译文：We must ensure that the people … are able to administer state affairs and manage economic, cultural, and social affairs through various channels and in various ways as provided <u>by law</u>.

原文：培育社会成员办事<u>依</u>法、遇事找法、解决问题靠法的良好环境……

译文：We need to foster a sound social atmosphere in which members of society conduct their business <u>according to the law</u>, turn to the law when they require assistance, and rely on the law to solve their problems...（出处同上）

原文：<u>根据</u>《中华人民共和国宪法》和《中华人民共和国出境入境管理法》，在中国境内的外国人的合法权益和利益受法律保

护。(《须知！在华外国人疫情期间要遵守这些法律》)(2020国家移民管理局文件)

译文：According to Constitution of the People's Republic of China and Exit and Entry Administration Law of the People's Republic of China, the legitimate rights and interests of foreigners in China shall be protected by laws.

原文：在突发事件中需要接受隔离治疗⋯⋯卫生行政主管部门或者有关机构采取医学措施时应当予以配合；拒绝配合的，由公安机关依法协助强制执行。(出处同上)

译文：In the emergent hazard, patients..., who are required to be isolated for medical treatment, shall offer cooperation when the competent health administrative departments or relevant institutions take sanitary measures. If they refuse to do so, the public security organs shall assist to enforce these measures according to law.

这些译例都出自国家级法规文件，术语"依法"的英文表达不符合法律英语概念用词，更不符合术语一致性原则。由此可见，当前法律翻译中，译者"任性""随意"选词，用词的问题还比较突出。法律汉英翻译任重道远。

三、海洋法律英语的研究前景

海洋经济和海洋强国是党中央、全国人大、全国政协的国家高层领导不断号召、大力推动的发展领域。全国人大常委会委员审议国务院《发展海洋经济加快建设海洋强国工作情况报告》时提出，国家加大对海洋科技投入，带来了海洋科研空前繁荣的局面,基本上沿海地区都发展海洋科研和教育机构,有条件的高校基本上都设立海洋特色学院。国家发展和改革委员会、自然资源部组织召开的全国海洋经济发展示范区现场会暨海洋经济工作推动会提出,发展海洋经济,建设海洋强国任务之一是,主动构建蓝色伙伴关系,深度参与全球海洋治理,积极推动海洋经济合作。建设海洋强国,就要不断提高维护海洋权益和海洋安全的综合能力,确保我国海洋权益和海洋安全不受侵犯。这就给海洋法律提出了具体任务,也给海洋法律翻译确定了目标。这就是说,中国的海洋法律不仅仅是给我们自己参照使用的,也必须是维护中国的海洋权益和海洋安全的法律保障的。英文的海洋法律语言沟通能力是关键。

中国作为负责任的法治国家,在建设海洋强国,加大海洋开发,维护海洋权益,利用海洋资源过程中,都免不了与其他国家产生联系或纠纷,都必须有海洋法律保驾护航。国家正在培养涉外法律人才,抓紧起草多种海洋法律,抓紧将海洋法律译成英文,但是海洋法律英语人才奇缺,其中的许多热点问题尚少有人触及,研究切入点很多。目前海洋法律汉英翻译领域的学术研究大多尚处在基础阶段,强手不多。该领域主题研究是国家急需的,是高层战略的辅助任务要求,比较容易申报高等级课题,成果也比较容易发表。全国已有不少高校成立相关研究院,开展有组织的专题研究。

国家海洋局局长、党组书记王宏于2017年11月20日撰文指出:"深度参与全球海洋事业发展和海洋治理。当前,国际海洋事务进入快速发展期,海洋治理进入深度调整期,提供中国方案、获得更多制度性权利是我国建设海洋强国的必然要求。我们应积极参与国际海洋事务,深度参与全球海洋治理。加强与'一带一路'建设参与国的战略对接,以发展蓝色经济为主线,推动全方位务实合作,携手共创依海繁荣之路,实现人海和谐、共同发展。构建多层次的蓝色伙伴关系,在海洋环境保护、海洋科技创新与应用、海洋公共产品共享、海洋安全维护等领域开展深层次国际合作,不断扩大我国'蓝色朋友圈'。积极参与联合国海洋法非正式磋商,围绕国际社会关注的蓝色经济、极地、深海等,在全球性和区域性规则制定中发出中国声音、提供中国方案、贡献中国智慧。"完成这一系列任务,实施全球化的海洋战略,海洋法律英语永远不能缺位,海洋法律翻译大有用武之地。

中国建设海洋强国,如没有强有力的海洋法律英语沟通能力,没有通达的海洋法律翻译传播能力,实施国家战略,护卫国家海洋权益,助力实现中华民族伟大复兴的中国梦等伟大目标,都难顺畅,更难出大成效。研究海洋法律英语和海洋法律翻译,是围绕国家战略开展工作,是为国家海洋利益保驾护航,意义十分重大。

参考文献

O'BARR W M, 1982. Linguistic evidence: language, power, and strategy in the courtroom[M]. San Diego: Academic Press.

Šarčević S, 1997. New approach to legal translation[M]. London: Kluwer Law International.

刘法公,2009.组织机构汉英译名统一的"名从源主"论[J].外语与外语教学(12):46-49.

潘庆云,1997.跨世纪的中国法律语言[M].上海:华东理工大学出版社.

潘文国,2020.翻译研究的中国特色与中国特色的翻译研究[J].国际汉学(A1):5-37.

孙懿华,周广然,1997.法律语言学[M].北京:中国政法大学出版社.

张法连,2019.法律翻译中的文化传递[J].中国翻译(2):165-171.

第二章

中国海洋法律文本英译中的通约性原则

海洋法律翻译事关国家海洋强国战略的顺利实施。我们认为国家建设海洋强国,海洋法律人才培养先行。海洋法律英语是海洋法律人才的基本工作语言,没有海洋法律英语沟通能力,就不可能承担起维护国家海洋权益的重任。海洋法律英语沟通中使用通约性英语词语是有效传递法律信息的前提。中国要做海洋强国,过硬的海洋法律英语人才队伍和有效的法律信息沟通必不可少。目前,中国的海洋法律翻译力量比较薄弱。

第一节 法律翻译的通约性原则内涵

国际海洋法,如《联合国海洋法公约》,与其他国际公约一样,是国际社会一致认可的条约,一旦各国签字,便具有法律效力。国际公约的汉英翻译不是字面的对应,而是法律概念的对接,要求译文与原文达到语义准确、语篇一致、功能通约(functional commensurability),即,与国际上一致认可的概念相符合(concept corresponding),而不是自说自话,无视国际传播和沟通效果,从而削弱我们的国际话语沟通效果。海洋法使用的英语归属为海洋法律英语，具有用词固定、概念统一、表达具体的鲜明特点。我们只有单独学习才能基本掌握，运用自如。

第二节　通约性原则的关键是术语与概念的对接

海洋法律英语最显著的特点表现在词汇上。海洋法律的每个英语术语都对接特定的海洋法律概念。固定术语所表述的概念相对一致，约定与特定概念对接，换词则概念偏离，这就是法律翻译的通约性原则。学习海洋法律英语也是海洋法律术语与概念的认知过程。例如，marine casualty（海难）指船舶在海上遭遇自然灾害或其他意外事故所造成的危难。海难会给生命、财产造成巨大损失。造成海难的事故种类很多，大致有船舶搁浅、触礁、碰撞、火灾、爆炸、船舶失踪，以及船舶主机和设备损坏而无法自修以致船舶失控等。marine casualty（海难）所对应的概念与国际海洋法律英语读者所通约概念一致起来的定义是"An incident that involves a vessel and includes, among other things, such as: (1) loss of life, injury, or any fall overboard; (2) vessel occurrences that result in a grounding, stranding, foundering, flooding, collision, or allision; (3) explosions or fires on vessels, reduction or loss of power, or impairments to a vessel's operation; and (4) circumstances that affect a vessel's seaworthiness or incidents that cause significant harm to the environment."，虽然"海难"的英语术语还有 perils of the sea、shipwreck、accident at sea、perils of the sea、shipping casualty等写法,但各有各的概念,都不与marine casualty具有相同的法律概念。可见,marine casualty这个术语与"海难"的海洋法律概念对接,若术语使用错位,则概念不对应。

第三节　海洋法律翻译违背通约性的问题

实现海洋法律术语与概念的通约,我们所要对照的国内外海洋法律主要包括:

(一)多国共守的海洋法律

多国共守的海洋法律中的《联合国海洋法公约》,是迄今为止最全面、最综合的管理海洋的国际公约。

(二)中国发布的海洋法律法规

对照国际海洋法的英语表述,研究中国海洋法律法规(英文版)的内容、术语、句法、叙事范式、专用名称等方面的问题,提出解决办法,是提高海洋法律翻译质量的重要手段。

这些海洋法律汉英文本给我们提供了丰富的研究材料,我们也有责任改善这些译本的翻译质量。

海洋法律的特点与其他法律的一个共同点是,法律概念与法律专业术语固定对应。海洋法律英语的研究对象首先是概念和概念所对应的英语专名或译名,专名有错,概念必然有误,因为不同语言文化体系之间的交流,概念是基础,译名问题是做好法律翻译的前提。海洋法律属于专门法律,特色话语的英语表达特殊,并非一般词典就能解释。海洋法律英语译名的通约性是海洋法律有效国际沟通的前提。同样,国际公约中的英语译成汉语时,也要注意使用通约的汉语术语,与对应概念一致,如:final一词在法律英语中,其搭配和语境决定了其汉语术语的选择。从宋雷(2019)主编的《英汉法律用语大辞典》的第761页上,我们看到了 final decision(最终判决)、final act(最后议定书,最后决议书)、final award(终局裁决,最后裁决,终局裁决书,终裁)等几个搭配,对应的汉语词语有所不同,请看例句:

Final award has already been made on the first newsprint paper antidumping case. 首例新闻纸反倾销案已经作出终裁。

China's sports arbitrating should choose compulsory mechanism of "first award being the final award". 中国体育仲裁应选择强制性"一裁终局"制。

然而,现实法律翻译中,有不少译者忽视法律术语翻译的通约性原则,任意选用术语,导致词语不符合相关领域的约定表述,词不达意,让读者难以理解。试比较:

原文:Finality and binding force of decisions

原译文:裁判的确定性和拘束力

分析:finality译为"确定性"不符合法律术语的"通约性"或专业性。finality作为法律专业术语,应该指"终裁"或"终局裁决",即,仲裁庭在案件审理终结时对当事人提交的全部实体争议所作出的裁决。裁决书自作出之日起生效。"终局裁决"不接受再次审理。

改译:裁决书的终裁和拘束力

原文:Any decision rendered by a court or tribunal having jurisdiction under this section shall be final and shall be complied with all the parties to the dispute.

原译文:根据本节有管辖权的法院或法庭对争端所作的任何裁判应有确定性,争端所有各方均应遵从。

分析:这里的 final 也译为"终裁"或"终局裁决"才能达意。all the parties to the dispute 译成的"争端所有各方",也是不当法律术语,没有通约性,应译为"涉事方"或"当事方"。

改译:本节规定有管辖权的法院或法庭作出的任何裁决应为终裁,涉事方均应遵从。

第四节　法律翻译中通约性原则与术语一致性原则

法律翻译涉及的两个翻译原则是通约性原则和术语一致性原则。前者即指原文术语与译文术语概念相通,功能一致,达到信息对等。后者即指同一个法律概念始终由同一个词语表达,而不能翻花样。法律翻译的一致性原则,是业界所知已久而难遵守的难题。海洋法律翻译中的术语一致性原则未被严格遵守,通约性原则更是不被重视,导致海洋法律汉英译本错误频现。

海洋法律翻译中,通约性原则比术语一致性原则更加严格。通约性原则要求原文与译文术语上对应,概念上相通,传递共同的法律概念。同样的汉语法律术语,若英语译文多样化,违背术语一致性原则,会导致不严谨、不严肃、引人误解,而法律翻译中原文术语被译成概念偏离的英语术语,违反通约性原则,则会导致信息扭曲,自说自话,让读者难以理解。

我们要运用对比方法、语料库分析法,参考应用翻译理论,就专业术语、话语、句法、叙事方法、数据与年代、事件或引用法律名称等方面的问题,开展发现问题、分析问题、解决问题的实践训练。以问题提出观点,以实例证明问题的存在,以实据分析问题的严重性,以实用理论确定解决问题的策略、原则或方法。

一、运用通约性原则分析问题,解决问题

对比已有的原文与原译文,我们就能发现目前中国的海洋法律英文版中有不少专业术语、话语、句法、叙事方法等方面的问题,这些问题有的歪曲原文的概念,有的偏离原文的内涵,有的误解原文所指。这阻碍了中国海洋法律的有效对外传播,要么令英语读者困惑,要么令其误会。请看实例:

《中华人民共和国海洋环境保护法》

Marine Environment Protection Law of the People's Republic of China

第一条 为了保护海洋环境及资源,防止污染损害,保护生态平衡,保障人体健康,促进海洋事业的发展,特制定本法。

Article 1 This Law is formulated in order to protect the marine environment and resources, prevent pollution damage, maintain ecological balance, safeguard human health and promote the development of marine programmes.

分析:问题(1):保护 = 保持?问题(2):海洋事业 = marine programmes?那么"海洋计划""海洋项目"的英文该是什么?

(1)保护——尽力照顾,使不受损害,"保护平衡"应该是 protect the balance;保持——维持现状,使不发生变化,"保持平

衡"的英语是 keep the balance of 或 maintain the balance of。

（2）"事业"指人们所从事的，具有一定目标、规模和系统的对社会发展有影响的经常活动，与 programmes 并不搭界。《联合国海洋法公约》中没有 marine programmes 这个表述，只有 marine activities 这个术语。要实现术语翻译的通约性，我们必须使用 marine activities 才能接通概念。

marine programmes 是译者自造的"海洋事业"的译文，不能与《联合国海洋法公约》中的用词对接，概念上指"海洋计划，海洋方案"。

第二条　本法适用于中华人民共和国的<u>内海</u>、<u>领海</u>以及中华人民共和国管辖的一切其他海域。

Article 2 This Law shall apply to <u>the internal seas</u> and <u>territorial seas</u> of the People's Republic of China and all other sea areas under the jurisdiction of the People's Republic of China.

分析：原文的"内海"，在海洋英语中有固定的术语，但绝不是译者自造的 the internal seas。"内海"所对应的英语 enclosed sea，概念固定，指"陆地与陆地之间的狭窄海域，深入大陆内部，被大陆或岛屿、群岛所包围，仅通过狭窄的海峡与大洋或其他海相沟通的水域"，如，中国的渤海（Bohai Sea）。

原文的"领海"作为海洋术语，其英语术语 territorial sea 必须固定，不容形成变体 territorial seas。《联合国海洋法公约》给我们提供了海洋法律汉英翻译用词的佐证："内海"的英文是 enclosed sea，"领海"的英文是 territorial sea，并非复数的 seas。这类术语都与概念对接，不能随便搭配。

二、通约性原则与术语一致性原则并用,效果佳

法律翻译的通约性原则是保障术语与概念对应的原则,而术语一致性原则则是要求同一个法律术语要始终使用一致,不能任意变换。法律翻译中,译者首先要正确使用能与译文的概念内涵通约的术语。选用的英语术语一旦与其概念不通约,就变成原文与译文不匹配,不关联,如同"鸡同鸭讲"。例如,我们对比《中华人民共和国海上交通安全法》(Maritime Traffic Safety Law of the People's Republic of China)的中英文版,可以发现原文术语与英语译文术语在概念上不通约的实例俯拾即是,请看:

原文:第十一条 外国籍非军用船舶未经主管机关批准<u>不得</u>进入中华人民共和国的内水和港口,但是因<u>人员病急</u>、<u>机件</u>故障、<u>遇难</u>、<u>避风</u>等<u>意外情况</u>未及获得批准,可以在进入的同时向主管机关紧急报告并<u>听从指挥</u>。外国籍军用船舶未经中华人民共和国政府批准,<u>不得</u>进入中华人民共和国<u>领海</u>。

译文: Article 11 Non-military vessels of foreign nationality <u>may not</u> enter the internal waters and harbours of the People's Republic of China without the approval of its competent authorities. However, under <u>unexpected circumstances</u> such as <u>critical illness</u> of <u>personnel</u>, <u>engine</u> breakdown or the <u>vessels being in distress</u> or <u>seeking shelter from weather</u> when they do not have the time to obtain approval, they may, while entering China's internal waters <u>of harbour</u>, make an emergency report to the competent authorities and shall <u>obey its directions</u>. Military vessels of foreign nationality <u>may not</u> enter the <u>territorial waters</u> of the People's Republic of China without the approval of the Government of the People's Republic of China.

分析：对照原文和译文，我们从这一条法律的英语译文中就找到 10 多处术语概念与原文不通约的实例。英语术语的法律内涵与原文偏离，法律功能的精准对等就无法做到。

根据法律翻译的通约性原则，原文与译文的法律功能应完全一致，而原文的"不得"与译文的情态动词 may not，法律功能并不一致。为什么呢？法律文本是立法者向适用对象提出的规约、许可、授权、禁止等法律言语行为，主要作用是制约人们的社会行为，告诉大家什么可以做，什么禁止做，以达到法律目的。情态动词的规约功能是法律英语使用最多的语言手段。本段译文两处"不得"译成的 may not，都不是原文的概念，都不符合通约性原则在功能上完全一致的要求：（1）"Non-military vessels of foreign nationality <u>may not</u> enter the internal waters and harbours of the People's Republic of China...", 这里的 may not 与"不得"不通约。（2）"Military vessels of foreign nationality <u>may not</u> enter the territorial waters of the People's Republic of China...", 这里的 may not 与"不得"也不是对等概念。原因是：情态动词表达的规约功能在法律英语条文中表示"应该""不应""要""不要""可以""不可以""不得"等语义时，有对应的英语术语要求，如：

（1）应该 → shall

（2）不应 → shall not

（3）不得，禁止 → shall not

（4）要 → can/be to/have to

（5）不要 → can not/don't have to

（6）可以 → may

（7）不可以 → may not 等

（8）严禁 → mustn't

shall在法律英语中表示的法律功能是"义务"，shall not表示"禁止"，即"不得""不能做"，带有"强制性"；may表示的法律功能是"权利"，不带强制性，用may提出要求，表示"允许"或"许可"。may not的语气比shall not弱，没有多少强制性，显然不是"不得"的法律功能内涵。

法律翻译的通约性原则的要求之一是术语概念精准对应，本段有8个专业术语与原文概念不对应，很容易引起误会，请看：

（1）人员（船上的） → personnel？

（2）病急 → critical illness？

（3）机件故障 → engine breakdown？

（4）遇难 → the vessels being in distress？

（5）避风 → seeking shelter from weather？

（6）听从指挥 → obey its directions？

（7）领海 → territorial waters？

（8）意外情况 → unexpected circumstances？

对照汉语原文，以上专业术语英语译文有的信息不准确，有的完全错误，有的用词不专业。它们的概念与术语脱节，失去了通约性，变成了两个不同的语言群体"说着不同的事"。汉英术语不对应，共性概念传递受阻，导致汉语和英语"自说自话"，法律信息精准传播完全无从谈起。我们分析一下便可清楚：

（1）人员（船上的），与personnel在概念上相去甚远。personnel是集体名词，指"全体员工"。"船上的人员"指"在船上工作的人员"，对应英语术语是crew members，是可数名词。

（2）病急，与critical illness概念上完全不通约。病急指"来势急速的疾病"，医学术语是acute diseases，而译文用的critical illness，意为"病重，病危"，是译者望文生义的结果。

（3）机件故障，译文用的是engine breakdown，变成了"引擎故障"，概念偏离太大。机件指"任何的零部件"，范围广泛，大到船轮机，小到船锚，都有可能，并非特指引擎。"机件故障"的英语是mechanical breakdown。

（4）遇难，指"船舶在海上遭遇自然灾害或其他意外事故所造成的危难"，有专门的英语术语marine casualty，也指"船失事"（the destruction or loss of a ship），对应的英语术语是shipwrecks。专业术语的内涵随专业而变，如航空界的"飞机遇难"就是plane crash。

（5）避风，指"躲避强风或台风"，而原译文seeking shelter from weather中的weather概念却太宽泛，可指"大雪，大雨，冰雹"等，没有聚焦"风"的语义。英语读者根本不能从seeking shelter from weather中获知"避风"概念。译文用weather使原文信息模糊不堪。take shelter from the wind才是"避风"的英文术语。

（6）听从指挥，是指"有人发出各种指令指挥船舶做出各种动作"而不仅限于"指引方向"的问题。obey its directions内涵狭窄，欠清晰。"指挥"船舶活动，应该使用英语专业术语，译成obey their command。

（7）领海，无论在《联合国海洋法公约》还是在海洋学中，英语的专业术语都是 territorial sea，概念固定，国际通用。把"领海"译成 territorial waters，则导致概念被歪曲，内涵不同。译者千万不能在这样的固定术语翻译上自以为是。

（8）意外情况，法律中的"意外事件"概念固定，指"由行为人意志以外的原因而非其过错引发的偶然事故。它具有不可预见性，行为人在当时处境下不可能通过合理的注意而预见，完全是行为人自身以外的原因而引起的偶然事件，发生概率极低"。这个概念所对应的英语术语是 contingency，而不是 unexpected circumstances，后者是译者乱搭配的结果，与法律内涵相去甚远。将法律中经常有的"意外情况"条款与术语 contingency 通约，才能对接法律概念。

我们把《中华人民共和国海上交通安全法》的第11条英语译文中的术语与概念不通约的问题解决后，改译一下，概念上就能清晰很多，请看：

Article 11 Non-military vessels of foreign nationality shall not enter the internal waters and harbors of the People's Republic of China without the approval of its competent authorities, except for contingency such as acute diseases, mechanical breakdown, marine casualty, taking shelter from the wind when they do not have the time to obtain an approval, they may, while entering China's internal waters and harbors, make an emergency report to the competent authorities and shall obey their command. Military vessels of foreign nationality shall not enter the territorial sea of the People's Republic of China without the approval of the Government of the People's Republic of China.

参考文献

宋雷,2019.英汉法律用语大辞典[M].北京:法律出版社.

第三章
中国海洋法律文本英译中的一致性原则

第一节　法律翻译中的一致性原则

一、问题的提出

《中共中央关于全面推进依法治国若干重大问题的决定》（2014年10月23日中国共产党第十八届中央委员会第四次全体会议通过）中指出：适应对外开放不断深化，完善涉外法律法规体系，促进构建开放型经济新体制。积极参与国际规则制定，推动依法处理涉外经济、社会事务，增强我国在国际法律事务中的话语权和影响力，运用法律手段维护我国主权、安全、发展利益。

海洋法具有鲜明的涉外性。系统、科学、规范地翻译中国海洋法律文本对我国在国际海洋事务中的话语权和影响力，运用海洋法维护我国主权、安全、发展利益，参与国际海洋规则的制定等都具有重要的国家战略意义。

目前我国海洋法律文本翻译取得了一些成绩，如大部分海洋法律法规文本都有英文译本。然而,如果我们将中国海洋法律文本作为一个整体来看,却发现问题非常严重,如专业海洋法律术语英译在不同文本之间甚至同一文本内部使用混乱,单部海洋法律文本译本呈孤立状态,与其他海洋法律文本没有形成有机、系统而完善的海洋法律话语体系,对外传播的效果堪忧,有损我国海洋法治形象,不利于我国利用海洋法维护正当海洋权益,不利于我国参与乃至引领国际海洋规则的制定,不利于中国法律走出去,不利于中国的涉外法治。

二、法律翻译的一致性原则

笔者认为,法律翻译的一致性原则可以有效解决以上问题。关于法律翻译的一致性原则,已经有不少学者有研究。李克兴、张新红(2006)指出,法律翻译的同一性标准指的是用同一词汇表达同一法律概念或思想,在整个法律文献中自始至终要保持关键词用词的一致性,并要求与有关管辖法律中对该关键词的释义保持一致。他进一步对这种一致性的意义进行了说明:只有在翻译中保持这种同一性(consistency)和一致性(identity),才有可能使法律文件中的概念或思想保持前后一致、上下一致以及与相关的官方释义一致,从而使寻求司法公正的人士有据可查、有法可依,使善于咬文嚼字或钻牛角尖的讼师及试图曲解文意、别有用心的当事人都无文字空子可钻。张法连(2009)指出,法律翻译的前后一致性原则是指在法律翻译的过程中用同一法律术语表示同一法律概念的原则。在法律翻译的过程中,我们应自始至终坚持用同一术语表示同一概念,那些看似同义或近义的词语,都有可能表示不同的概念。刘法公(2012)提出法律术语汉英译名统一的方法：依照权威出处确定译名、分析术语内涵确定统一译名、跟踪国内权威英文媒体确定中国特有新词译名、触类旁通译最新词。屈文生(2013)提出应法律术语的翻译规范化工作的主要目的在于实现法律术语译名的统一，从词典出发，保持法律术语翻译的一致性。苏珊·沙切维奇(2017)指出无论面对何种文本类型，所有的法律译者都必须处理术语不一致的问题。正如罗森(Rosenne，1987)所言，术语不一致给法律平行文本的统一解释和使用带来了最大的问题。针对术语不一致的问题，沙切维奇提出了使用词义扩充的方法，限制或扩充功能对等的含义，补偿术语不一致。如果译者因某个功能对等词可能会被误解或导致不同的结果而拒绝使用，那么译者不得不选择等效对等词。在不对等的情形下，受制度限制的源语术语在译入语法律制度中找不到功能对等词，译者必须主动地选择等效对等词。一旦选定等效对等词，译者就必须坚持语言一致性原则，无论何时提及该概念都必须使用同一对等词；否则，读者会认为所提概念是不同的概念(Weston，1991；Morgan，1982)。例如，英国法院认为，术语不一致则意味着意义不一致(Akehurst，1972)。因此，在法律平行文本中不鼓励使用同义词。屈文生(2022)提出中文立法文本宜遵守对等律(law of equivalence)、同一律(law of identity)和等效律(law of equal authenticity)三大翻译原则，形成一个有机原则体系。

不过，我们也要注意，法律翻译中的一致性原则并不一定适用于其他领域的翻译。黄友义、李晶(2022)指出语言不是孤立存在的。语言之所以能产生意义是因为它与社会文化中的其他因素相互关联、相互作用。因此,在翻译过程中,我们不能只关注语言本身的概念意义和语法意义,还要关注它的语境意义。如果忽视这一点就会造成对原文理解不够准确和充分,导致翻译失败。中文深奥精微,凝练集中,同样一个词语在不同的语境中会有不同的意义。法律翻译强调专业术语的稳定性,这是由法律概念和法律词汇的严谨对应关系决定的。一个法律术语就是一个法律概念,而每个法律概念是法律体系中的重要节点。法律翻译是一种跨法系、跨语言、跨文化的意义转换过程,所以尽量保持法律术语翻译的一致性无论是对忠实于原文还是对读者理解来说都是十分重要的。然而遗憾的是,目前,法律翻译的一致性原则尚未用于中国海洋法律文本翻译研究中。

三、海洋法律专业术语翻译应与国际公约一致

当今世界正处于多极化发展格局之中,英语是世界通用语,也逐渐成为世界各国相互之间交流的工具,世界英语(English)逐渐多元化为世界各国的英语(Englishes)。比如随着中国的日益发展,英语也成为中国与世界交流的利器,中国政治经济文化的优秀成果日益通过英语这一工具走向全世界并赢得世界的了解、尊重和欢迎,于是"中国英语"应运而生。中国学界主动拿来、为我所用,摆脱西方给中国设置的各种"语言陷阱",对于一些中性词语和表达拿来使用,对于那些能为我所用的词语和表达进行批判式借用。我们在翻译一些中性专业术语时,要与国际条约中的词语和表达一致,采用国际社会公认的、能接受的表达,要避免一些错误的、不专业、不准确的表达,也只有这样才能实现与国际社

会的有效沟通和中国法律的域外精准传播。

然而,遗憾的是,我国目前的海洋法律文本英译中存在大量望文生义、不专业、不准确的用词和表达。在法律英语中,一个词语往往就代表着一个固定的概念,除非你要改变一个概念,否则你不要轻易地改变一个词。保持与国际条约的一致性意味着我们与国际社会使用的是同一套话语体系,能够被国际社会接受和承认,否则,如果英文术语不一致,与国际社会交流时就会出现沟通障碍。比如,双方都在讲"领海"这个概念,国际公约中用的是"territorial sea",而我国海洋法英译为"territorial waters",孤立地看这个翻译好像也能理解,说的是领海、领水,但这个词既包括领海,也包括淡水。在与国际社会交流的时候必须使用与国际公约一样的"territorial sea",一来可以确保两者都独一无二地指的是"领海",免去交流中的误会,二来可以说明我国的海洋立法与国际公约的通约性,树立我国的法治形象。

原文:第二条 在中华人民共和国的内水、滩涂、领海以及中华人民共和国管辖的一切其他海域从事养殖和捕捞水生动物、水生植物等渔业生产活动,都必须遵守本法。(《中华人民共和国渔业法》)

译文:Article 2 All productive activities of fisheries, such as aquaculture and catching or harvesting of aquatic animals and plants in the inland waters, tidal flats and territorial waters of the People's Republic of China, or in other sea areas under the jurisdiction of the People's Republic of China, must be conducted in accordance with this Law.

我们来看看《联合国海洋法公约》的相关表述:

The sovereignty of a coastal State extends, beyond its land territory and <u>internal waters</u> and, in the case of an archipelagic State, its archipelagic waters, to an adjacent belt of sea, described as <u>the territorial sea</u>.

"内水"的国际通用英语表述为"internal waters",包括内陆淡水湖泊河流、内海。而"inland waters"指的是内陆水系,而不包括同样是"内水"的海湾。如果将"内水"翻译成"inland waters",那么就将海湾排除出去了,误译误国也。"领海"是指一个国家拥有主权的海域的总称,是一个整体概念,是可数名词,一个国家的领海是单数,因此正确译法应该是"the territorial sea",而不是"territorial waters"。

例:

原文:第二条 本法适用于中华人民共和国的<u>内海</u>、领海以及中华人民共和国管辖的一切其他海域。(《中华人民共和国海洋环境保护法》)

译文:Article 2 This Law shall apply to <u>the internal seas</u> and territorial seas of the People's Republic of China and all other sea areas under the jurisdiction of the People's Republic of China.

"内海",是指四周被大陆或岛屿、群岛所包围,但有狭窄水道或海峡与大洋相连的海,如波罗的海、加勒比海等。

关于"内海",《联合国海洋法公约》中有专门的条文进行描述:

ENCLOSED OR SEMI-ENCLOSED SEAS

For the purposes of this Convention, "<u>enclosed or semi-</u>

enclosed sea" means a gulf, basin or sea surrounded by two or more States and connected to another sea or the ocean by a narrow outlet or consisting entirely or primarily of the territorial seas and exclusive economic zones of two or more coastal states.

Article 70

For the purposes of this Part, "geographically disadvantaged States" means coastal States, including States bordering enclosed or semi-enclosed seas, whose geographical situation makes them dependent upon the exploitation of the living resources of the exclusive economic zones of other States in the subregion or region for adequate supplies of fish for the nutritional purposes of their populations or parts thereof, and coastal States which can claim no exclusive economic zones of their own.

由上可知,《联合国海洋法公约》中对"内海"所使用的英文表述为"enclosed or semi-enclosed sea"。

四、中国海洋法律文本之间同一专业术语英译应保持一致

我国历来高度重视海洋立法,先后制定了一系列涉海法律法规和行政管理制度。1992年2月25日,第七届全国人大常委会第二十四次会议通过了《中华人民共和国领海及毗连区法》。1982年8月23日,全国人大常委会审议通过了《中华人民共和国海洋环境保护法》,该法于1983年正式实施。1983年,颁布了《中华人民共和国海上交通安全法》。2004年,颁布了《中华人民共和国港

口法》。2001年10月27日,第九届全国人民代表大会常务委员会第二十四次会议通过了《中华人民共和国海域使用管理法》。

这些海洋法律文本都先后被翻译成英文,有些文本甚至有不止一个译本。然而,这些海洋法律文本的翻译工作分别是由不同单位的不同专家和译者进行翻译的,互相之间没有统一,相互孤立,甚至连同一海洋法律术语的英译在不同法律文本中都不一致,更谈不上形成统一的海洋法律话语体系。如:"领海"在《中华人民共和国领海及毗连区法》英译本中被译为"territorial sea",在《中华人民共和国渔业法》英译本中被译为"territorial waters";"海洋权益"在《中华人民共和国专属经济区和大陆架法》英译本中被译为"marine rights and interests",在《中华人民共和国领海及毗连区法》中被译为"maritime rights and interests";"施行"在《中华人民共和国海上交通法》英译本中被译为"go into effect",在《中华人民共和国渔业法》和《中华人民共和国海洋环境保护法》中则被译为"come into force"。

原文:第一条　为保障中华人民共和国对专属经济区和大陆架行使主权权利和管辖权,维护国家海洋权益,制定本法。《中华人民共和国专属经济区和大陆架法》

译文:Article 1 This Law is enacted to ensure that the People's Republic of China exercise its sovereign rights and jurisdiction over its exclusive economic zone and its continental shelf and to safeguard its national marine rights and interests.

原文:第一条　为行使中华人民共和国对领海的主权和对毗连区的管制权,维护国家安全和海洋权益,制定本法。《中华人民

共和国领海及毗连区法》

译文:Article 1 This Law is enacted for the People's Republic of China to exercise its sovereignty over its territorial sea and the control over its contiguous zone, and to safeguard its national security and its <u>maritime rights and interests</u>.

《布莱克法律词典》对 maritime 的释义为"(1) connected with or situated near the sea; (2) of, relating to, or involving sea navigation or commerce"。其常见搭配有:Maritime Administration(美国海事局)、maritime affairs(海运事务)、maritime law(海商法)。(宋雷,2019)marine rights and interest 包括海洋主权在内的海洋权益;maritime rights and interest 则主要包括海事权。《布莱克法律词典》对 marine 的释义为"(1) of, relating to, or involving the sea, such as marine life; (2) of, relating to, or involving sea navigation, sea commerce, or the navy, such as marine insurance, marine interest"。因此,"海洋权益"应译为 marine rights and interest。

还有许多法律词汇,如"施行""制定"等在不同海洋法律文本中的英译不一致,这样容易使受众产生一种不规范的印象,对不同语境中不同用词的意义产生疑惑。

例:

原文:第五十三条 本法自一九八四年一月一日起施行。(《中华人民共和国海上交通安全法》)

译文:Article 53 This Law shall <u>go into effect</u> on January 1, 1984.

原文：第三十五条　本法自 1986 年 7 月 1 日起<u>施行</u>。(《中华人民共和国渔业法》)

译文：Article 35 This Law shall <u>come into force</u> as of July 1, 1986.

"制定"的各种译文：

原文：第一条　为了加强渔业资源的保护、增殖、开发和合理利用，发展人工养殖，保障渔业生产者的合法权益，促进渔业生产的发展，适应社会主义建设和人民生活的需要，特<u>制定</u>本法。(《中华人民共和国渔业法》)

译文：Article 1 This Law is <u>formulated</u> for the purpose of enhancing the protection, increase, development and reasonable utilization of fishery resources, developing artificial cultivation, protecting fishery workers' lawful rights and interests and boosting fishery production, so as to meet the requirements of socialist construction and the needs of the people.

原文：第一条　为保障中华人民共和国对专属经济区和大陆架行使主权权利和管辖权，维护国家海洋权益，<u>制定</u>本法。(《中华人民共和国专属经济区和大陆架法》)

译文：Article 1 This Law is <u>enacted</u> to ensure that the People's Republic of China exercise its sovereign rights and jurisdiction over its exclusive economic zone and its continental shelf and to safeguard its national marine rights and interests.

"制定"法律是立法机关依据一定法律程序进行的。formulate 意为"to express clearly and exactly"，即"明确表达"，比如 formulate one's thoughts/a doctrine；enact 表示 make a law/decree/ordain（制定法律，颁令，规定），其在《布莱克词典》中的释义是"to make into law by authoritative act; to pass, such as the statute was enacted shortly before the announced deadline"，强调经过权威法定程序立法。因此，此处应该使用 enact，而不是 formulate。

随着我国海洋事业的发展及我国海洋权益斗争形势的复杂化，我们认为我国所有的海洋法律法规应该成为一个统一的有机整体，应该作为一个整体翻译成外语，要在术语、表达方式等方面实现统一，形成有机、系统的一套海洋话语体系。只有这样才能有效地维护我国的海洋权益，为我国实现海洋强国战略在法律上保驾护航。

五、中国海洋法律文本中同一术语翻译在同一文本内部应保持一致

每一部海洋法律本身也是一个有机的话语体系，内部的术语都是一致的。翻译成英语后，也应该与原文一样，既忠实于原文，又保持前后一致。这种一致性有利于保持法律文本的严肃性和权威性，并且法律英语不同于文学英语，同一术语如果意思没有变化，那么也不应该改变表达，法律英语中的这种用词的重复性有利于增强文本语义的准确性、严谨性和权威性。

然而，遗憾的是，我国海洋法律文本中的许多英译本在同一部法律文本内部，原文中的同一概念、同一术语却在英译中用不同词汇来翻译，使英语读者难以理解。如："管辖"在《中华人民共和国环境保护法》英译本中一会儿被翻译成"under the jurisdiction of the People's Republic of China", 一会儿被翻译成 "within the jurisdiction of the People's Republic of China"。

原文: 在中华人民共和国管辖海域以外, 排放有害物质, 倾倒废弃物, 造成中华人民共和国管辖海域污染损害的, 也适用于本法。(《中华人民共和国海洋环境保护法》)

译文: This Law shall also apply to the discharge of harmful substances and the dumping of wastes done beyond the sea areas under the jurisdiction of the People's Republic of China that cause pollution damage to sea areas within the jurisdiction of the People's Republic of China.

under 强调的是空间上的纵向关系, 即自上而下的管辖, within 则强调的是空间上的横向关系, 即在管辖范围之内。两者还是有一点区别的。原文中的"管辖"强调是"管辖范围", 因此应该统一使用 within。

海洋法具有一定的涉外性, 因而中国海洋法律文本英译与我国新时代的涉外法治密切相关。中国海洋法律专业术语英译与国际条约保持一致, 是我国与国际社会对话的基础, 有利于我国与国际社会对话、沟通和协商, 维护我国的海洋权益; 中国海洋法律文本英译中的表述应该在各法律文本之间保持一致, 有利于我国海洋话语体系的整体传播; 中国单本海洋法律文本内部应保持一致, 有利于法律理念的域外理解和传播, 宣传我国的海洋法律理念。

第二节 《中华人民共和国领海及毗连区法》英译问题评析

中华人民共和国成立后,废除了之前关于领海和缉私区的规定,维护了我国的海洋权益,建立了我国的领海及毗连区制度。1958年,我国政府发布的《中华人民共和国政府关于领海的声明》宣布我国领海宽度为12海里,领海基线采用直线基线法划定,同时宣布一切外国飞机和军用船舶,未经我国政府许可不得进入我国领海和领海上空,外国船舶在我国领海航行,必须遵守我国政府的有关法令。这一声明宣布了我国领海的基本制度。根据1982年《联合国海洋法公约》,我国于1992年颁布了《中华人民共和国领海及毗连区法》,并于1996年5月15日发布了《中华人民共和国领海基线的声明》,宣布了我国大陆领海的部分基线和西沙群岛的领海基线。本研究采用的英译本是国家海洋局政策法规和规划司所编的《中华人民共和国海洋法规选编》(第四版)。通过文本细读和比对,我们发现该英译本中存在以下问题,并进行了评析:

原文:第一条 为行使中华人民共和国对领海的主权和对毗连区的管制权,维护国家安全和海洋权益,制定本法。

译文:Article 1 This Law is enacted for the People's Republic of China to exercise its sovereignty over its territorial sea and the control over its contiguous zone, and to safeguard its national security and its maritime rights and interests.

评析：用词不准确。"海洋权益"应该译为 marine rights and interests。maritime rights and interests 的意思是"海事权益"。

原文：第二条　中华人民共和国领海为邻接中华人民共和国陆地领土和内水的一带海域。

译文：Article 2 The territorial sea of the People's Republic of China is the sea belt adjacent to the land territory and the internal waters of the People's Republic of China.

评析："一带海域"=the sea belt? 查阅《联合国海洋法公约》英文版,没有这个词组,只有 sea area 来表示"海域"。

原文：中华人民共和国领海基线向陆地一侧的水域为中华人民共和国的内水。

译文：The waters on the landward side of the baselines of the territorial sea of the People's Republic of China constitute the internal waters of the People's Republic of China.

评析：一个国家的"内水"是一个整体概念,应该用单数,而不是复数。

原文：第八条　外国船舶通过中华人民共和国领海,必须遵守中华人民共和国法律、法规,不得损害中华人民共和国的和平、安全和良好秩序。

译文：Article 8 Foreign ships passing through the territorial sea of the People's Republic of China must comply with the laws and regulations of the People's Republic of China and shall not be prejudicial to the peace, security and good order of the People's Republic of China.

评析:语法错误,否定句型中所有的宾语都是否定的,所以用 or,而不是 and。

原文:外国船舶违反中华人民共和国法律、法规的,由中华人民共和国有关机关依法处理。

译文: Cases of foreign ships violating the laws or regulations of the People's Republic of China shall be handled by the relevant organs of the People's Republic of China in accordance with the law.

原文:第九条 为维护航行安全检查和其他特殊需要,中华人民共和国政府可以要求通过中华人民共和国领海的外国船舶使用指定的航道或者依照规定的分道通航制航行,具体办法由中华人民共和国政府或者其有关主管部门公布。

译文: Article 9 The Government of the People's Republic of China may, for maintaining the safety of navigation or for other special needs, request foreign ships passing through the territorial sea of the People's Republic of China to use the designated sea lanes or to navigate according to the prescribed traffic separation schemes. The specific regulations to this effect shall be promulgated by the Government of the People's Republic of China or its competent authorities concerned.

评析:"维护航行安全检查"是为了便于对航行船只进行检查,译文漏译了"检查",应修改为"for the safety inspection of navigation or other special needs"。

原文:第十二条 外国航空器只有根据该国政府与中华人民共

和国政府签订的协定、协议,或者经中华人民共和国政府或者其授权的机关批准或者接受,方可进入中华人民共和国领海上空。

译文: Article 12 No aircraft of a foreign State may enter the air space over the territorial sea of the People's Republic of China unless there is a relevant protocol or agreement between the Government of <u>that State</u> and the Government of the People's Republic of China, or approval or acceptance by the Government of the People's Republic of China or the competent authorities <u>authorized by it</u>.

评析: it指代不明,到底是指"the Government of the People's Republic of China"还是指"the competent authorities"呢? authorities一词本身就包含了authorization之意,即获得政府授权。

原文: 第十条　外国军用船舶或者用于非商业目的的外国政府船舶在通过中华人民共和国领海时,<u>违反</u>中华人民共和国法律、法规的,中华人民共和国有关主管机关有权令其立即离开领海,对所造成的损失或者迫害,船旗国应当负国际责任。

译文: Article 10 In the cases of <u>violation</u> of the laws or regulations of the People's Republic of China by a foreign ship for military purposes or a foreign government ship for non-commercial purposes when passing through the territorial sea of the People's Republic of China, the competent authorities of the People's Republic of China shall have the right to order it to leave the territorial sea immediately and the flag State shall bear international responsibility for any loss or damage thus caused.

原文:违反前款规定,非法进入中华人民共和国领海进行科学研究、海洋作业等活动的,由中华人民共和国有关机关依法处理。

译文:All illegal entries into the territorial sea of the People's Republic of China for carrying out scientific research, marine operations or other activities in contravention of the provisions of the preceding paragraph of this Article, shall be dealt with by the relevant organs of the People's Republic of China in accordance with the law.

原文:第十三条 中华人民共和国有权在毗连区内,为防止和惩处在其陆地领土、内水或者领海内违反有关安全、海关、财政、卫生或者入境出境管理的法律、法规的行为行使管制权。

译文:Article 13 The People's Republic of China has the right to exercise control in the contiguous zone to prevent and impose penalties for activities infringing the laws or regulations concerning security, the customs, finance, sanitation or entry and exit control within its land territory, internal waters or territorial sea.

评析:本法中"违反"的翻译先后出现了 violation、contravention、infringing,前后不一致。根据《布莱克法律词典》,infringement 的释义是"an act that interferes with one of the exclusive rights of a patent, copyright, or trademark owner",是一个专门用在知识产权领域中的词汇,指对专利、版权或商标所有者的专有权的侵犯。根据《韦氏法律词典》,infringe 除指侵犯知识产权外,还可以指"to encroach upon in a way that violates law or the rights of another"，即"违法侵占、侵犯他人权利"，更侧重于民事违法，如合同违约。因此此处用 infringing 不妥，应该使用 violation。

第三节 《中华人民共和国专属经济区和大陆架法》英译评析

我国对确立专属经济区制度，制定专属经济区法一直持积极态度：我国于 1985 年成立了专属经济区和大陆架法起草小组，1986 年完成初稿，经过起草小组扩大会议于 1987 年、1989 年和 1991 年的反复讨论修改，于 1992 年 1 月 25 日向国务院上报了"送审稿"。1998 年 6 月 26 日，我国通过了《中华人民共和国专属经济区和大陆架法》，正式确立了我国的专属经济区制度。《中华人民共和国专属经济区和大陆架法》英译版有三个，分别来自人大网、外交部香港公署网站和北大法律信息网，其中人大网公布的版本和国家海洋局政策法规和规划司编《中华人民共和国海洋法规选编》英译版一致。我们发现这三个版本之间有不少不一致的地方。

原文：第二条 中华人民共和国的专属经济区，为中华人民共和国领海以外并邻接领海的区域，从测算领海宽度的基线量起延至二百海里。

译文：Article 2 The exclusive economic zone of the People's Republic of China <u>covers</u> the area beyond and adjacent to the territorial sea of the People's Republic of China, extending to 200 nautical miles from the baselines from which the breadth of the territorial sea is measured. （人大网）

Article 2 The exclusive economic zone of the People's Republic of the China <u>is</u> the area beyond and adjacent to the territorial sea of the People's Republic of China, extending to 200 nautical miles from the baselines from which the breadth of the territorial sea is measured. （外交部香港公署网站）

Article 2 The exclusive economic zone of the People's Republic of China <u>covers</u> the area beyond and adjacent to the territorial sea of the People's Republic of China, extending to 200 nautical miles from the baselines from which the breadth of the territorial sea is measured. （北大法律信息网）

评析:"为"应该译为 is,表示在内涵和外延上的定义。

原文:中华人民共和国的大陆架,为中华人民共和国领海以外依本国陆地领土的全部自然延伸,扩展到大陆边外缘的海底区域的海床和底土;如果从测算领海宽度的基线量起至大陆边外缘的距离不足二百海里,则扩展至二百海里。

译文:The continental shelf of the People's Republic of China <u>comprises</u> the sea-bed and subsoil of the submarine areas that extend beyond its territorial sea throughout the natural prolongation of its land territory to the outer edge of the continental margin, or to a distance of 200 nautical miles from the baselines from which the breadth of the territorial sea is measured where the outer edge of the continental margin does not extend up to that distance.

The continental shelf of the People's Republic of China <u>is</u> the sea-bed and subsoil of the submarine area that extend beyond its territorial sea throughout the natural prolongation of its land territory to the outer edge of the continental margin, or to a distance of 200 nautical miles from the baselines from which the breadth of the territorial sea is measured where the outer edge of the continental margin does not extend up to that distance.

The continental shelf of the People's Republic of China <u>comprises</u> the sea-bed and subsoil of the submarine areas that extend beyond its territorial sea throughout the natural prolongation of its land territory to the outer edge of the continental margin, or to a distance of 200 nautical miles from the baselines from which the breadth of the territorial sea is measured where the outer edge of the continental margin does not extend up to that distance.

评析:"为"在人大网和北大法律信息网的版本文内不一致,前面用了cover,现在又用comprise,过于随意,而应该使用is,外交部公布的版本为最规范。

原文:第三条 中华人民共和国在专属经济区为勘查、开发、养护和管理海床上覆水域、海床及其底土的自然资源,以及进行其他经济性开发和勘查,如利用海水、海流和风力生产能等活动,行使主权权利。

译文:Article 3 The People's Republic of China exercises its sovereign rights <u>over</u> the exclusive economic zone for the <u>purpose</u> of exploring, exploiting, conserving and managing the natural resources of the waters superjacent to the sea-bed and of the sea-bed and its subsoil, and in its other activities for economic exploitation and exploration of the zone, such as production of energy from <u>water</u>, <u>currents</u> and <u>winds</u>.（人大网）

Article 3 <u>In</u> the exclusive economic zone, the People's Republic of China exercises sovereign rights for the <u>purposes</u> <u>in terms of</u> exploring and exploiting, conserving and managing the natural resources of the waters superjacent to the sea-bed and of the sea-bed and its subsoil, and with regard to other activities for economic exploitation and exploration of the zone, such as the production of energy from <u>the water</u>, <u>current</u> and <u>wind</u>.（外交部香港公署网站）

Article 3 The People's Republic of China exercises its sovereign rights over the exclusive economic zone for the <u>purpose</u> of exploring, exploiting, conserving and managing the natural resources of the waters superjacent to the sea-bed and of the sea-bed and its subsoil, and in its other activities for economic exploitation and exploration of the zone, such as production of energy from water, currents and winds.（北大法律信息网）

评析：三个版本不一致。其中第二个版本中的"in terms of"可以删去，purpose也没必要使用复数形式。

原文：中华人民共和国对专属经济区的人工岛屿、设施和结构的建造、使用和海洋科学研究、海洋环境的保护和保全，<u>行使管辖权</u>。

— 78 —

译文: The People's Republic of China <u>exercises</u> jurisdiction over the establishment and use of artificial islands, installations and structures, marine scientific research, and the protection and preservation of the marine environment in the exclusive economic zone. (人大网)

The People's Republic of China <u>has</u> jurisdiction over the establishment and use of artificial islands, installations and structures, marine scientific research, the protection and preservation of the marine environment in the exclusive economic zone. (外交部香港公署网站)

The People's Republic of China <u>exercises</u> jurisdiction over the establishment and use of artificial islands, installations and structures, marine scientific research, and the protection and preservation of the marine environment in the exclusive economic zone. (北大法律信息网)

评析: 三个版本不一致,"行使管辖权"用"exercise jurisdiction"比"have jurisdiciton"更好。

原文: 中华人民共和国<u>拥有</u>授权和管理为一切目的在大陆架上进行钻探的专属权利。

译文: The People's Republic of China <u>has</u> the exclusive right to authorize and regulate drilling on the continental shelf for all purposes. (人大网)

The People's Republic of China <u>shall have</u> the exclusive right to authorize and regulate drilling on the continental shelf for all purposes.（外交部香港公署网站）

The People's Republic of China <u>has</u> the exclusive right to authorize and regulate drilling on the continental shelf for all purposes.（北大法律信息网）

评析：此处使用have的第三人称单数一般现在时，表示中华人民共和国一直拥有这种权利。shall虽然在法律英语中表示立法人的意志，但还是含有一点"将来时"的意思，即本法颁布之后主语"将"如何如何。此处的主语是"中华人民共和国"，因此使用has更具有力量和权威性。类似的情况还有：

原文：第八条　中华人民共和国在专属经济区和大陆架有专属权利建造并授权和管理建造、操作和使用人工岛屿、设施和结构。

译文：Article 8 The People's Republic of China <u>has</u> the exclusive right to construct and to authorize and regulate the construction, operation and use of the artificial islands, installations and structures in its exclusive economic zone and on its continental shelf.（人大网）

Article 8 The People's Republic of China <u>shall have</u> the exclusive right to construct and to authorize and regulate the construction, operation and use of artificial islands, installations and structures in its exclusive economic zone and on its continental shelf.（外交部香港公署网站）

Article 8 The People's Republic of China <u>has</u> the exclusive right to construct and to authorize and regulate the construction, operation and use of the artificial islands, installations and structures in its exclusive economic zone and on its continental shelf.（北大法律信息网）

原文：中华人民共和国对专属经济区和大陆架的人工岛屿、设施和结构行使专属管辖权，包括有关海关、财政、卫生、安全和出境入境的法律和法规方面的管辖权。

译文：The People's Republic of China <u>exercises</u> exclusive jurisdiction over the artificial islands, installations and structures in its exclusive economic zone and on its continental shelf, including jurisdiction with regard to customs, fiscal, health and safety laws and regulations, and laws and regulations governing entry into and exit from the territory of the People's Republic of China.（人大网）

The People's Republic of China <u>shall have</u> exclusive jurisdiction over the artificial islands, installations and structures in its exclusive economic zone and on its continental shelf, including jurisdiction with regard to customs, fiscal, health, safety and immigration laws and regulations.（外交部香港公署网站）

The People's Republic of China <u>exercises</u> exclusive jurisdiction over the artificial islands, installations and structures in its exclusive economic zone and on its continental shelf, including jurisdiction with regard to customs, fiscal, health and safety laws and regulations, and laws and regulations governing entry into and exit from the territory of the People's Republic of China.（北大法律信息网）

原文:第五条 任何国际组织、外国的组织或者个人进入中华人民共和国的专属经济区从事渔业活动,必须经中华人民共和国主管机关批准,并遵守中华人民共和国的法律、法规及中华人民共和国与有关国家签订的条约、协定。

译文:Article 5 All international organizations, foreign organizations or individuals that wish to enter the exclusive economic zone of the People's Republic of China for fishing <u>shall be subject to</u> approval of the competent authorities of the People's Republic of China and shall comply with its laws and regulations as well as the accords and agreements it has signed with the states concerned. (人大网)

Article 5 All international organizations, foreign organizations or individuals shall <u>obtain</u> approval from the competent authorities of the People's Republic of China for carrying out fishing activities in its exclusive economic zone, and shall comply with its law and regulations as well as its accords and agreements signed with the states concerned. (外交部香港公署网站)

Article 5 All international organizations, foreign organizations or individuals that wish to enter the exclusive economic zone of the People's Republic of China for fishing shall <u>be subject to</u> approval of the competent authorities of the People's Republic of China and shall comply with its laws and regulations as well as the accords and agreements it has signed with the states concerned. (北大法律信息网)

评析：此处使用subject to更符合法律英语习惯。

原文：中华人民共和国主管机关有权采取各种必要的养护和管理措施，确保专属经济区的生物资源不受过度开发的危害。

译文：The competent authorities of the People's Republic of China shall have the right to take all necessary conservation and management measures to ensure that the living resources in the exclusive economic zone <u>are protected from the danger of</u> over-exploitation.（人大网）

The competent authorities of the People's Republic of China shall have the right to ensure through all necessary conservation and management measures that the living resources in the exclusive economic zone <u>are not endangered by</u> over-exploitation.（外交部香港公署网站）

The competent authorities of the People's Republic of China shall have the right to take all necessary conservation and management measures to ensure that the living resources in the exclusive economic zone <u>are protected from the danger of</u> over-exploitation.（北大法律信息网）

评析："不受……危害"译为"be protected from"更为准确，"be not endangered by"指的是不处于危险境地，程度要求更高。

原文：中华人民共和国对源自本国河流的溯河产卵种群，享有主要利益。

译文：The People's Republic of China <u>enjoys</u> the primary interests in the anadromous stocks that originate in its rivers.（人

大网）

The People's Republic of China <u>shall have</u> the primary interest in anadromous stocks originating in its rivers. （外交部香港公署网站）

The People's Republic of China <u>enjoys</u> the primary interests in the anadromous stocks that originate in its rivers. （北大法律信息网）

评析：此处描述的是"永远享有……"的状态，应该使用一般现在时，没必要使用 shall 来表示法律意志。

原文：第七条　任何国际组织、外国的组织或者个人对中华人民共和国的专属经济区和大陆架的自然资源进行勘查、开发活动或者在中华人民共和国的大陆架上为任何目的进行钻探，必须经中华人民共和国主管机关批准，并遵守中华人民共和国的法律、法规。

译文：Article 7 All international organizations, foreign organizations or individuals that wish to explore the exclusive economic zone of the People's Republic of China or exploit the natural resources on its continental shelf or for any purpose <u>to drill on</u> the continental shelf shall be subject to approval of the competent authorities of the People's Republic of China and shall comply with the laws and regulations of the People's Republic of China. （人大网）

Article 7 All international organizations, foreign organizations or individuals shall obtain approval from the competent authorities of the People's Republic of China for carrying out activities of exploring and exploiting natural resources in its exclusive economic zone and on its continental shelf or for any purposes <u>drilling on</u> its continental shelf and shall comply with the laws and regulations of the People's Republic of China. (外交部香港公署网站)

Article 7 All international organizations, foreign organizations or individuals that wish to explore the exclusive economic zone of the People's Republic of China or exploit the natural resources on its continental shelf or for any purpose <u>to drill on</u> the continental shelf shall be subject to approval of the competent authorities of the People's Republic of China and shall comply with the laws and regulations of the People's Republic of China. (北大法律信息网)

评析：用不定式短语表示目的，作 purpose 的后置定语。用 drilling 则表示一种正在进行的动作，不准确。

原文：第十三条　中华人民共和国在专属经济区和大陆架享有的权利，本法未作规定的，根据国际法和中华人民共和国其他有关法律、法规行使。

译文：Article 13 The People's Republic of China exercises, in accordance with international law and other relevant laws and regulations of the People's Republic of China, the rights in its exclusive economic zone and on its continental shelf <u>that are not provided for in this Law</u>. (人大网)

Article 13 The People's Republic of China shall exercise the rights in its exclusive economic zone and on its continental shelf, if not provided in this law, in accordance with international laws and other relevant laws and regulations of the People's Republic of China. (外交部香港公署网站)

Article 13 The People's Republic of China exercises, in accordance with international law and other relevant laws and regulations of the People's Republic of China, the rights in its exclusive economic zone and on its continental shelf that are not provided for in this Law. (北大法律信息网)

评析:"本法未作规定的",是对那些可能出现的情况的假定,用 if 短语更符合法律英语习惯。

原文:第十四条 本法的规定不影响中华人民共和国享有的历史性权利。

译文: Article 14 The provisions in this Law shall not affect the rights that the People's Republic of China has been enjoying ever since the days of the past. (人大网)

Article 14 The provisions in this law shall not affect the historical right that the People's Republic of China enjoys. (外交部香港公署网站)

Article 14 The provisions in this Law shall not affect the rights that the People's Republic of China has been enjoying ever since the days of the past. (北大法律信息网)

评析:"历史性权利"如果翻译成"the historical rights"那么仅指自中华人民共和国成立以来的权利,如果使用"ever since the days of the past"则延伸至更早的历史,包括自清朝以来的历史。

原文:第十五条　中华人民共和国政府可以根据本法制定有关规定。

译文:Article 15 The Government of the People's Republic of China may formulate relevant regulations on the basis of this Law.（人大网）

Article 15 The Government of the People's Republic of China shall formulate the relevant regulations in accordance with this law.（外交部香港公署网站）

Article 15 The Government of the People's Republic of China may formulate relevant regulations on the basis of this Law.（北大法律信息网）

评析:"可以"对应的是"may",而不是"shall"。

原文:第十六条　本法自公布之日起施行。

译文:Article 16 This Law shall go into effect as of the date of promulgation.（人大网）

Article 16 This Law shall come into force on the date of promulgation.（外交部香港公署网站）

Article 16 This Law shall go into effect as of the date of promulgation.（北大法律信息网）

评析:版本不一致,应该统一使用。

参考文献

AKEHURST M, 1972. Preparing the authentic English text of the E.E.C. treaty［M］//WORTLEY B A. An introduction to the law of the European economic community. Manchester：Manchester University Press.

MORGAN J F, 1982. Multilingual legal drafting in the EEC and the work of jurist/linguists［J］. Multilingua（1，2）：109-117.

ROSENNE S, 1987. "Conceptualism as a guide to treaty interpretation" in international law at the time of its codificcaiton［M］//Essays in honour of Roberto Ago：vol.I. Milan：Giufr.

WESTON M, 1991. An English reader's guide to the French legal system［M］. New York：Berg, 1991.

黄友义,李晶,2022. 做好中央文献翻译,打通国际传播的最后一公里［J］.天津外国语大学学报(2)：1-10.

李克兴,张新红,2006.法律文本与法律翻译［M］.北京：中国对外翻译出版公司.

刘法公,2012.汉英/英汉译名统一与翻译规范研究［M］.北京：国防工业出版社.

屈文生,2013.从词典出发:法律术语译名统一与规范化的翻译史研究［M］.上海：上海人民出版社.

屈文生,2022.中国立法文本对外翻译的原则体系:以民法英译实践为中心［J］.中国外语(1)：1,10-20.

宋雷,2019.英汉法律用语大辞典［M］.2版.北京:法律出版社.

苏珊·沙切维奇,2017.法律翻译新探［M］.赵军峰,等,译.北京:高等教育出版社.

张法连,2009.法律文体翻译基本原则探究［J］.中国翻译(5):72-76.

第四章

中国海洋法律文本英译中的对等性原则

第一节 法律翻译中的对等性原则

亚历山大·弗雷泽·泰特勒(Alexander Fraser Tytler)在《论翻译的原则》一书中给"优秀的翻译"下了一个定义,认为在"优秀的翻译"中,将原作的优点移植在译作语言之中,使译语使用者像原语使用者一样,对这种优点能清楚地领悟,并有着同样强烈的感受。根据这一定义,泰特勒提出了翻译必须遵循的三大原则:

(1)译作应完全复写出原作的思想;

(2)译作的风格和手法应和原作属于同一性质;

(3)译作应具备原作所具有的通顺。(谭载喜,2004)

我们可以理解为,泰特勒的三原则分别从内容、形式和效果三个方面要求译作和原作形成完全对等。

尤金·奈达(Eugene Albert Nida)提出了著名的"动态对等说"。所谓动态对等的翻译,实际上是在翻译交际理论指导下的翻译,是指"从语义到语体,在接受语中用切近(原文)的自然对等语再现源语信息"(Nida,Taber,1969)。在该定义中,有三点是关键:一是"自然",指译文不能有翻译腔,风格上要与原文对等;二是"切近",在"自然"的基础上选择意义与原文最接近的译文,在意义上最大限度地实现对等;三是"对等",即译文在译入语读者中的效果对等,这也是翻译的核心。"自然"和"切近"都是为了实现"对等"。翻译中没有绝对的对等,但译者应在寻求"切近而又自然的对等语"上下功夫,追求最大限度的对等。因此,翻译必须达到四个标准:达意、传神、措辞通顺自然、读者反应相似。奈达对翻译的交际功能颇为重视,可以说他的翻译理论是建立在语言交际功能理论之上的。他对语言交际功能进行了分类:(1)表达功能(expressive function),指作者或说话人自我表现时所用的那种语言功能;(2)认知功能(cognitive function),指用语言进行思维的功能;(3)人际功能(interpersonal function),主要包括交感功能(phatic function),指通过语言建立人际关系、进行谈判、辨明或显示身份等的功能;(4)信息功能(informative function),即传递信息内容的功能;(5)祈使功能(imperative function),指通过语言影响人的行为、推动新的行动的功能;(6)司事功能(performative function),指用语言改变某种状况的功能,例如法官宣布某人有罪时所使用的语言便具有司事功能;(7)情感功能(emotive function),指通过所用语言使人在感情上做出反应的功能;(8)美学功能(aesthetic function),有时称作"诗功能"(poetic function),指采用各种修辞手段,如比喻、节奏、重复、倒装等,以加强语言的美感和效果。根据奈达对文本功能的分类,我们可以总结出法律文本的功能主要包括信息功能、祈使功能和司事功能。法律文本为受众提供法律方面的信息,对受众进行法律约束,一旦有人违反法律,法官或执法部门则进行法律处理。因此,法律翻译的文本也应在语言的交际功能上实现对等,对译入语受众产生对等的法律效果。

约翰·卡特福德(John Catford)也谈到了翻译的对等问题。他认为,一方面翻译对等是一种以经验为依据的现象,是通过对两种语言的比较而发现的,另一方面,翻译对等的产生必须看目标文本和源文本是否具有相同或至少部分相同的实质性特征。因此,必须区分两个概念:文本对等(textual equivalence)和形式对应(formal correspondence)。文本对等指在特定情况下目标文本与特定源文本的对等,形式对应指目标文本的语法范畴与源文本的语法范畴在各自语言中占有相应的位置。(谭载喜,2004)

功能目的论由德国功能学派翻译理论代表人物卡塔琳娜·莱斯(Katharina Reiss)、汉斯·J.弗米尔(Hans J.Vermeer)和克里斯蒂安妮·诺德(Christiane Nord)等学者从20世纪70年代开始,先后提出、丰富并加以完善。这一翻译理论认为,翻译方法和翻译策略必须由译文预期目的或功能决定。译者在整个翻译过程中的参照系不应是"对等"翻译理论所注重的原文及其功能,而应是译文在译语文化环境中预期达到的一种或几种交际功能(Nord,2001)。作为一种基本的翻译理论,功能目的论注重的不是译文与原文是否对等或译文是否"完美",而是强调译文应该在分析原文的基础上,以译文预期功能(作为受文化制约的语言符号,原文语篇和译文语篇受到各自交际环境的影响,译文功能与原文功能可能相似或保持一致,也可能完全不同)为目的,根据各语境因素,选择最佳处理方法。该翻译理论使我们对法律翻译对等性原则的衡量标准从语义的对等转移到了原文和译文的"功能对等"上来。法律文本的语篇功能包括提供信息、社会规约、维护公平正义等。具体到海洋法律文本英译的语篇功能,我们认为包括为国际社会提供中国海洋法律信息、管理在我国海域从事各种活动的外国船只和人员、维护我国的海洋权益、保护我国人民的生命财产安全等功能。

谭载喜(2004)借鉴基迪恩·图里(Gideon Toury)的规范理论来看翻译的"对等"问题,不失为一个富有建设意义的升华。在"规范"解释模式中,要判定目标文本与源文本对不对等,或在何种程度上对等,必须充分考虑各个层面的"规范"因素,其中包括"预先规范"因素,如目标文化系统对于翻译的种种政策、政治、文化方面的限制,还包括不同语言文化系统对于对等概念的不同理解、对翻译普遍特征的不同鉴别,以及不同语言文化系统中,翻译文学在文学多元系统中所处的不同位置等。具体到法律翻译领域,两种法系中的不同"规范"也直接决定了译文能否对等。

李克兴(2010)提出法律文本翻译的静态对等,要求译本在深层意思、表层意思、语言结构、风格、格式等方面与原文完全对等,同时要求译文最大限度地再现原文作者的写作意图。从法律文本所具有的特点,即静态的语言、信息型文本、模式化语言、严格的翻译准则、单一的读者群等方面,阐释了静态对等翻译策略的必要性和可行性。就法律文书的静态对等译本的效力而言,按照译文本执行的法律行为与按照源文本执行的法律行为应如出一辙。译本所具有的法律效力必须与源本完全相同。要做到这一点,在操作层面的切入点是必须在译文中最大限度地再现源法律文本作者(包括立法者、法官、律师等)的每一个写作(含立法)意图,把源文本中的所有信息在质、量、型上都精确而静态地表达出来,使译本的信息与源本的信息完全对等。

这当然是一种理想状态,不过对于中国海洋法律文本而言,没有必要,因为中国海洋法律文本以中文为准,英文译本没有法律效力,仅供参考。尽管如此,我们还是要努力实现法律效力在阐释力上的对等。

张法连(2021)指出,译文应该尽量符合立法原意,法律法规翻译要做到字字准确,句句对等。准确严谨性标准要求中英文法律语言真实含义之间的等同,而不是表面上的意思对等。法律翻译是沟通桥梁,只有译者所表达的法律语言让译入语的母语读者看懂,且译文通顺,有可读性,才能达到沟通传播的目的,否则法律翻译就失去了意义。张教授这里强调了意义对等是法律翻译的基础,同时强调了法律翻译的效果,只有意义对等,才能让译入语读者理解,达到对等的传播效果。法律翻译应该做到表述严肃正式(formalism)。由于立法语言是一种非常正式严肃的书面语言,所以译者在表达时应尽量使用正式书面语,而且译入语言更应该意思严谨,文风严肃。译入语也应使用法律语言,这种法律语言应让母语读者在阅读时感到义正词严,觉得对法律文件的任何所指都应该严肃对待,容不得半点马虎和差错。法律法规的调整对象涉及各行各业和领域,涵盖社会生活的方方面面,在法律法规翻译中不可避免地要使用相关行业或领域的专业语汇。

许多律师认为,法律平行文本的意义不可能相同,但是他们仍期望这些文本能够在实践中产生相同的法律效果。海洋法律文本的英译仅供参考,不具备法律效力。万立(2020)指出,中国法外译的对象主要是英语国家,选用功能性对等的英译名是妥当的选择。中国法与外国法的相近概念宜采用功能性对等术语,以在目的语中产生相近的法律效果。功能上等同的术语是不同制度、文化中具有相同或相似功能的术语,尽管其概念并非全然一致。翻译中外相同或相似的法律概念时,须首先进行比较法研究,查明二者在各自法律制度中的规范含义。功能性对等的实现需要译者具备比较法研究的能力,成为"法律-语言专家"(lawyer-linguist),从而将文本词语层面的含义和概念层面的含义全部呈现出来。翻译和解释是分不开的,更深入的法律知识对于准确理解法律含义至关重要。因此法律译者有义务从事比较法研究,既理解词语的含义,又清楚其法律效果,以及如何在另一语言中表达相似的法律意义。

沙切维奇(2017)提出了三种法律翻译功能对等类别:近似对等、部分对等以及不对等,每种类别都包括交集和包含。最大限度的对等成为近似对等(~)。当概念 A 与概念 B 共有全部本质特征,且概念 B 具有概念 A 全部本质特征以及大多数非本质特征(包含)时,概念 A 与概念 B 就属于近似对等;在大多数情况下,功能对等词仅仅在术语部分对等(±)。当概念 A 和概念 B 共有大多数本质特征以及一些非本质特征(交集)时,或者当概念 A 具有概念 B 全部特征,但概念 B 仅具有概念 A 大多数本质特征和一些非本质特征(包含)时,概念 A 和概念 B 在术语部分对等。如果概念 A 和概念 B 仅有极少或者根本没有本质特征相符合(交集),或者如果概念 A 具有概念 B 全部特征,但概念 B 仅具有概念 A 极少本质特征,或者根本没有(包含),那么该功能对等词不再视为可接受,这种情况称为不对等。当特定的源语概念在译入语法律制度中找不到功能对等词时,也会出现不对等的情形,这种情况可称为排斥。不对等用符号"≠"表示。对沙切维奇的对等分类,笔者认为还有可以改进的地方,这种对等分类可以根据源语词语与译入语词的对比关系进一步细分为完全对等、大部分对等、半对等、小部分对等、完全不对等五种情形。其中:完全对等则可以直接使用;大部分对等在大多数情况下也可以借用,只需稍做补偿;半对等则一般不能直接使用,需要进行补偿和限定,对该词的另一些意义则要进行语境限定,排除其歧义;对于完全不对等的词则不能使用,如果使用则是完全错误的,这种情况下则需要创造新词来进行翻译。

屈文生(2022)提出了"对等律"。"对等"也称"等值"和"最切近的自然对等"(the closest natural equivalence)。法律文本翻译宜遵守的"对等律"也叫"等值律",具体指文本类型对等(equivalence of text types)、语义对等(semantic equivalence)和形式对等(formal equivalence)。文本类型是功能主义理论的出发点,也是它的精髓。文本类型对等即为功能对等(functional equivalence)。立法文本具有规范性(normative)、高度专业性(highly professional)、逻辑自治性(logically consistent)和格式性(formalistic)等主要特征。立法文本英译要求目的语文本与源语文本类型对等,就是要确保规范性文本在翻译后仍然是规范性文本,强制性或禁止性规范在翻译后不会变为任意性规范或者解释性规范。

国家海洋局政策法规和规划司编的《中华人民共和国海洋法规选编》在"第四版出版说明"中明确说明其采用中英文对照的形式出版,但英文不具备中文同等效力,仅供读者参考。不过,中国海洋法律文本英译文本虽然没有规范性功能,却有权威信息功能。

张新红(2001)在俄罗斯翻译理论家雅各布森的语内翻译(intralingual translation or rewording)、语际翻译(interlingual translation or translation proper)和符际翻译(inter-semiotic translation or transmutation)划分的基础上,把语际法律翻译又分为法系内翻译(intra-legal-system translation)和跨法系翻译(cross-legal-system translation)。世界范围内的主要国家的立法文本大致分为大陆法系(continental law)和英美法系(common law)。中国法律主要借鉴了大陆法系,形成了不同于英美法系的中国法律体系,因此在翻译成英文时属于跨法系之间的翻译。以中国海洋法律体系为例,如果翻译成英文,一定要综合考虑与英美海洋法律体系之间的对应关系、共同点、差异点,切不可生搬硬套,而应该具有系统观念,确保译文在词语、句法、篇章等各层次都能够被来自英美法系的读者准确理解和接受,实现我们所说的语义、形式和功能对等原则。

第二节　中国海洋法律文本翻译中的不对等问题

在翻译实践中,意义、功能、风格等因素都同时完全对等往往很难做到。根据重要性的不同,我们做了分级处理,意义对等优先,其次是功能对等,再次是风格对等。因此,我们提出在海洋法律文本翻译中应以意义对等为核心、以功能对等为目的、兼顾风格对等的对策,追求跨法系翻译的传播效果最大化。通过对现有中国海洋法律文本翻译的对等性考察,我们发现以下问题:

一、词义不对等

例:

原文:第二条 在中华人民共和国的内水、滩涂、领海以及中华人民共和国管辖的一切其他海域从事养殖和捕捞水生动物、水生植物等渔业生产活动,都必须遵守本法。(《中华人民共和国渔业法》)

译文:Article 2 All productive activities of fisheries, such as aquaculture and catching or harvesting of aquatic animals and plants in the inland waters, tidal flats and territorial waters of the People's Republic of China, or in other sea areas under the jurisdiction of the People's Republic of China, must be conducted in accordance with this Law.

评析:我们来看看《联合国海洋法公约》中的相关表述。

The sovereignty of a coastal State extends, beyond its land territory and internal waters and, in the case of an archipelagic State, its archipelagic waters, to an adjacent belt of sea, described as the territorial sea.

"内水"的国际通用英语表述为 internal waters, 包括内陆淡水湖泊河流、内海。而 inland waters 指的是内陆水系,不包括同样是"内水"的海湾。如果将"内水"翻译成"inland waters",那么就将海湾排除出去了,误译误国也。"领海"是指一个国家拥有主权的海域的总称,是一个整体概念,是可数名词,而一个国家的领海是单数,因此正确译法应该是"the territorial sea",而不是"territorial waters"。

二、风格不对等

原文:第三条　国家对渔业生产实行以养殖为主,养殖、捕捞、加工并举,因地制宜,各有侧重的方针。(《中华人民共和国渔业法》)

译文: Article 3 In fishery production, the state shall adopt a policy that calls for simultaneous development of aquaculture, fishing and processing, with special emphasis on aquaculture and with priority given to different pursuits in accordance with local conditions.

评析:call for 意为"要求,需要,提倡,邀请,前往接某人",此处"policy"与"calls for""development"搭配不符合英语习惯,而用 policy requires/promotes/demands 都可以。法律翻译应该遵守译文风格紧贴原文的原则,即风格对等原则。call for 是一个日常生活中的口语体,而原文中用的是"实行"等正式规范严肃的立法语言,因此在风格上不对等。

许渊冲先生讲的音美、形美、义美不仅适合诗歌翻译,同样也适合实用文体翻译。正如 2022 年北京冬奥会的口号"更高、更强、更快、更团结"的英译"higher, stronger, faster, together",最后一个"更团结"如果翻译成 more united,在意义上更准确,可是形式上却失之押韵。together 虽然并不是形容词的比较级,但含有"团结"的意思,正好与前面几个词押韵。另外,从技术层面讲,一个单词也更便于冬奥会电子显示屏的处理,也更易记,更易于传播。

法律原文如果用词典雅、严谨,则译文也要尽量传达这种形式上的美感。言而无文,行之不远。没有文采的文字难以传达久远,具有美感的译文更加有利于域外传播。法律英语在英美国家也是讲究节奏美的。大卫·梅林科夫(2014)在《法律的语言》中就说,有节奏的风格贯穿了法律语言,有时是传统的口头语言,有时只有笔头语言。头韵还有助于保留法律中的同义反复,比如 to have and to hold、mind and memory、new and novel、aid and abet、part and parcel、safe and sound、rest、residue、and remainder;其他的节奏保留重复的特色,如 remise、release、and forever quitclaim、give、devise and bequeath;还有更有意义的 ready、willing、and able。并不是所有的类似组合都来自古英语,但普通法中有节奏的传统在古英语时期就体现出来了。

法律语言有严谨美、规范美、庄重美、简洁美、逻辑美、严肃美、模糊美等美感。法律语言在形式和内容方面,可以分为形式美和内容美。形式作为承载美学信息的基本因素,可产生强烈的美学感。头韵、尾韵之类的修辞手法注重声音的安排,使法律文本的可阅读性最优,立法文本更容易记忆和翻译。

原文:在中华人民共和国的内水、滩涂、领海、专属经济区以及中华人民共和国管辖的一切其他海域从事养殖和捕捞水生动

物、水生植物等渔业生产活动,都必须遵守本法。(《中华人民共和国渔业法》)

译文: Article 2 All productive activities of fisheries, such as <u>aquaculture</u> and <u>catching</u> or <u>harvesting</u> of aquatic animals and plants in the inland waters, tidal flats and territorial waters of the People's Republic of China, or in other sea areas under the jurisdiction of the People's Republic of China, must be conducted in accordance with this Law.

评析:此处译文读起来比较别扭,一个名词,后面跟着两个动名词,连接词一会儿用 and,一会儿用or。英文译文应该具有语言的美感,即符合翻译中的美学原则,否则即使意思翻译到位了,也很难获得大众的理解和传播。此处译文可以修改为"such as raising,catching or harvesting of aquatic animals and plants"。

原文:第六条　海警机构及其<u>工作人员</u>依法执行职务受法律保护,任何组织和个人不得非法干涉、拒绝和<u>阻碍</u>。(《中华人民共和国海警法》)

译文: Article 6 A coast guard agency and its employees performing their duties in accordance with the law shall be under the protection of the law, and no organization or individual may illegally interfere, refuse, or <u>create an obstruction</u>.

评析:法律英语"无三不成文",即为了语言的美感,法律英语一般使用三个同类的词语来对事物进行概括。这三个同类的词语一般词性一致,要么都是单词,要么都是词组,且词组中单词数相同。原文中"任何组织和个人不得非法干涉、拒绝和阻碍"译为

"no organization or individual may illegally interfere, refuse, or create an obstruction",意思固然正确,可不符合法律英语的美感。因此,"create an obstruction"应该修改为 impede,这样更具有节奏感和美感,即 "and no organization or individual may illegally interfere, refuse or impede"。

原文:第七条 海警机构工作人员应当遵守宪法和法律,崇尚荣誉,忠于职守,纪律严明,严格执法,清正廉洁。(出处同上)

译文: Article 7 The employees of a coast guard agency shall comply with the Constitution and the law, uphold honor, and be devoted to their duties, disciplined, strict in law enforcement, and of integrity.

评析:原文用的都是朗朗上口的四字格,而译文中用的是动词+介词、动词+宾语、be+动词过去分词短语、形容词、介词短语,形式上不统一,不完整,也比较费解。

第三节 《中华人民共和国渔业法》英译问题评析

《中华人民共和国渔业法》是为了加强渔业资源的保护、增殖、开发和合理利用,发展人工养殖,保障渔业生产者的合法权益,促进渔业生产的发展,适应社会主义建设和人民生活的需要制定的法律,于1986年1月20日第六届全国人民代表大会常务委员会第十四次会议通过。现行版本于2013年12月28日第十二届全国人民代表大会常务委员会第六次会议第四次修正。以下引用的英文版本为人大网公布的英译版和国家海洋局政策法规和规划司编《中华人民共和国海洋法规选编》(海洋出版社,2012年,第376—388页,以下简称《海洋法规选编》)。

一、用词不准确

翻译法律文本时,应在准确理解原文词语的基础上,选择译语中最为准确的词语来表达原意。所谓"准确",就是所选用的词语在意义、色彩、搭配诸方面都尽可能地与原文词语一致。词汇意义的内涵与外延在翻译成另外一种语言时应尽量准确。

原文:第一条　为了加强渔业资源的保护、增殖、开发和合理利用,发展人工养殖,保障渔业生产者的合法权益,促进渔业生产的发展,适应社会主义建设和人民生活的需要,特制定本法。

译文1:Article 1 This Law is formulated for the purpose of enhancing the protection, increase, development and reasonable utilization of fishery resources, developing artificial cultivation, protecting fishery workers' lawful rights and interests and boosting fishery production, so as to meet the requirements of socialist construction and the needs of the people. (人大网)

译文2:Article 1 This Law enacted for the purpose of enhancing the protection, increase, development and rational utilization of fishery resources, developing artificial cultivation, ensuring fishery workers' lawful rights and interests and boosting fishery production, so as to meet the socialist construction and the people's needs. (《海洋法规选编》)

评析:用词不准确。formulate用来指规章制度的制定。法律的制定一般要经过法定程序,应该用enact,《海洋法规选编》中用了"enacted",却漏了is。将"加强"译为enhance不准确,与后面的"protection,increase,development and reasonable utilization"也不能搭配,用"enhance increase"明显是错误的,应该用strengthen。将"增殖"译为increase不妥。increase指的是量的增加,而渔业资源增殖不仅仅是指数量的增加,而是指一个系统工程,指用人工方法向天然水域中投放鱼、虾、贝、藻等水生生物幼体(或成体或卵等)以增加种群数量,改善和优化水域的渔业资源群落结构,从而达到增殖渔业资源、改善水域环境、保持生态平衡的行为(叶昌臣等,1993)。广义而言,还包括改善水域的生态环境、向特定水域投放某些装置(如附卵器、人工鱼礁等)以及野生种群的繁殖保护等间接增加水域种群资源量的措施。故"增殖"应该译为enhancement。"人工养殖"译为artificial cultivation不妥,cultivation的意思是"the preparation and use of land for growing plants or crops; the deliberate development of a particular relationship, quality or skill",可以用来指农业上的耕种、种植、栽培或关系的培植、品质或技巧的培养,却没有"养殖"的意思。故其正确译法为artificial breeding。"渔业生产者"也不完全指"fishery workers",而是包括所有渔业从业者,这一点从后面的法律条文中可以看出来,指的应该是people in fishery industry。"促进渔业生产的发展"译为boost fishery production不妥。boost的意思是"to make something increase, or become better or more successful",回译为中文的意思为"促进渔业生产",没有将"发展"的意思翻译出来。从这句话可以看出立法者的本意为"促进渔业产业的发展",因此应该译为 promote the development of fishery production 或 promote the development of fishery industry。"人民生活的需要"不等于"the needs of the people",后者是"人民的需要",范围不一样,准确的译文是 the needs in the people's life。《海洋法规选编》的英文部分基本没怎么改进,只是将"the needs of the people"改成了"the people's needs"。

修改译文: This Law is enacted for the purpose of strengthening the protection, enhancement, development and reasonable utilization of fishery resources, developing artificial breeding, protecting the lawful rights and interests of people in fishery industry, promoting the development of fishery production, so as to meet the requirements of socialist construction and the needs in the people's life.

原文:各级人民政府应当把渔业生产纳入国民经济发展计划,采取措施,加强水域的统一规划和综合利用。

译文: People's governments at various levels shall include fishery production in their economic development plans and take measures to enhance the overall planning and comprehensive utilization of water areas.

评析:"纳入"是指有目的性地将某项内容放在某个计划之中,是一种主动行为。include 意为"包含",是一个静态动词,描述的是一种状态,即某事物先天地包含其他事物,缺乏这种主动性和目的性,因此是不准确的。此处应译为 bring into。"国民经济发展计划"应该译为 national economic development plans。

原文:第六条 国务院渔业行政主管部门主管全国的渔业工

作。县级以上地方人民政府渔业行政主管部门主管<u>本行政区域内</u>的渔业工作。县级以上人民政府渔业行政主管部门<u>可以</u>在重要渔业水域、渔港设渔政<u>监督管理机构</u>。

译文 1: Article 6 The department of fishery administration under the State Council <u>shall be</u> in charge of the administration of fisheries throughout the country. Departments of fishery administration under people's governments at or above the county level <u>shall be</u> in charge of fisheries <u>in their respective areas</u>. These departments <u>shall be authorized to</u> <u>set up</u> fishery <u>superintendency agencies</u> in important fishing areas and fishing ports.（人大网）

译文 2: Article 6 The administrative department for fisheries under the State Council <u>is</u> in charge of fisheries throughout the country. The administrative departments for fisheries under the local people's governments at or above the county level <u>are</u> in charge of fisheries <u>in their respective administrative areas</u>. These departments <u>may establish</u> fisheries <u>authorities</u> in important fishing areas and fishing ports.（《海洋法规选编》）

评析："渔业工作"≠fisheries。fishery，渔业，渔场。主管部门并不直接参与渔业捕捞工作，而是对渔业相关的行政事务进行管理和监督。因此，此处的"渔业工作"应该译为 affairs related to fishery，"行政区域"应该译为 respective areas of administration 或respective administrative areas，译文 2 正确。译文 2 中没有像译文 1 中那样滥用 shall，在表示国家行政管理部门的权力时用的是一般现在时的动词原形，表示的是一直持续的状态，没有必要使用更具庄严性和权威性的 shall。另外,原文中表示许可的"可以"在译文1中被译成了"shall",这是不准确的,译文2中译成"may"是正确的。原文中的"设"在译文1中被译为"set up",不如译文2中的"establish"规范。原文中的"监督管理机构"在译文1中被译为"superintendency agencies",在译文2中被译为"authorities"。authorities 指的是权威机构,包括很多主管机构,因此 superintendency agencies 比 authorities 更加准确。

原文:县级以上人民政府渔业行政主管部门应当对其管理的渔业水域统一规划,采取措施,增殖渔业资源。县级以上人民政府渔业行政主管部门可以向受益的单位和个人征收渔业资源增殖保护费,专门用于增殖和保护渔业资源。渔业资源增殖保护费的征收办法由国务院渔业行政主管部门会同财政部门制定,报国务院批准后施行。

译文1: Departments of fishery administration under the people's governments at and above the county level shall work out overall plans and take measures to increase fishery resources in the fishery waters under their jurisdiction. These departments may collect fees from the units and individuals profited by the use of such waters and devote the money thus collected to the increase and protection of fishery resources. The procedures for collecting such fees shall be formulated by the department of fishery administration and the department of finance under the State Council, and must be approved by the State Council before going into effect.(人大网)

译文 2: The administrative departments for fisheries under the people's governments at or above the county level shall work out overall plans and take measures to increase the fishery resources in the fishery waters under their jurisdiction. They may collect fees from the enterprises and individuals <u>profiting from</u> the use of such waters and devote the money thus collected to the increase and protection of the fishery resources. <u>Measures</u> for collecting such fees shall be formulated by the administrative department for fisheries <u>together with</u> the department of finance under the State Council and <u>shall go into effect upon approval by the State Council</u>. (《海洋法规选编》)

评析:"受益"是 benefiting from,而不是 profited by。译文 1 错误,译文 2 正确,此处为 benefiting from。"办法"在译文 1 中被译为 "procedures",procedures 的意思是"程序",显然是不符合原文意思的。译文 2 将其译为"measures"(措施、办法),比较准确。"会同"指两个行政部门互相配合,如果仅仅使用"and",则无法将两个部门之间互相协调、互相配合的意思翻译出来,因此译文 2 中的 "together with"更佳。

原文:进行水下爆破、勘探、施工作业,对渔业资源有严重影响的,<u>作业单位</u>应当事先同有关县级以上人民政府渔业行政主管部门协商,采取措施,防止或者减少对渔业资源的损害;造成渔业资源损失的,由有关县级以上人民政府责令赔偿。

译文 1: <u>To conduct underwater explosions, exploration and construction that may have serious effects on fishery resources,</u>

the construction units shall consult in advance with the department of fishery administration under the relevant people's government at or above the county level and take measures to prevent or minimize the damage to fishery resources. In cases any damages to fishery resources occur therefrom, the relevant people's government at or above the county level shall order the responsible party to pay compensation.（人大网）

译文2：Where underwater explosion, exploration or construction that will seriously impair the fishery resources is to be conducted, the construction unit shall consult in advance with the administrative department for fisheries under the relevant people's government at or above the county level and take measures to prevent or minimizing the damage to fishery resources. Where losses are caused to fishery resources, the relevant people's government at or above the county level shall order the construction unit to pay compensation.（《海洋法规选编》）

评析：前面有"explosions, exploration and construction"三项内容,后面的"作业单位"指这三类作业,应该翻译成"operation units"。如果翻译成"construction units"则仅包含了"施工单位"。就语言的规范性而言,译文2比译文1更好,其对法律假定情形使用了 where 引导的状语从句。

二、语义、功能不对等

《中华人民共和国渔业法》英译本中还存在专业词义不对等、

与《联合国海洋法公约》用词不通约等问题。如:

[原文]:第二条 在中华人民共和国的<u>内水</u>、滩涂、<u>领海</u>以及中华人民共和国管辖的一切其他海域从事养殖和捕捞水生动物、水生植物等渔业生产活动,都必须遵守本法。

[译文]: Article 2 All productive activities of fisheries, such as aquaculture and catching or harvesting of aquatic animals and plants in the <u>inland waters</u>, tidal flats and <u>territorial waters</u> of the People's Republic of China, or in other sea areas under the jurisdiction of the People's Republic of China, must be conducted in accordance with this Law.

[评析]:内水是指国家领陆内及领海基线向陆一侧的水域,包括河流及其河口、湖泊、港口、内海和历史性海湾等。内水是沿岸国家领土的组成部分,沿岸国家对内水享有与对领陆同样的主权,非经许可,他国的船只不得驶入。分隔两个国家的界河,其分界线两侧的水域是分属界河沿岸国家的内水。位于两个国家或两个以上国家之间的界湖也属于沿岸国家的内水,不应该译为 inland waters,国际上通用的英文表述为 internal waters。inland waters 的意思是"内陆水域",即把沿海水域都排除了,因此是不准确的,《联合国海洋法公约》中也没有这一概念。"领海"译为 territorial waters 不妥,一个国家的领海是一个整体概念,不应该使用复数,而应该用 territorial sea。关于 territorial sea,《联合国海洋法公约》有明确的定义,即"The sovereignty of a coastal State extends, beyond its land territory and internal waters and, in the case of an archipelagic State, its archipelagic waters, to an adjacent belt of sea, described as the territorial sea."。此处有一点需要说明的是我们现在所说的领海曾经有过不同的称谓。如沿岸水(coast waters)、海水带(maritime belt)、领水(territorial waters)等。1930年,海牙国际法编纂会议最后议定书乙编"关于领水问题"的草案中认定,"领海"一词在各个名词中相比较之下更合适。1958年的《领海及毗连区公约》及1982年的《联合国海洋法公约》均将此海域称为领海,主要是因为沿岸水、海水带、领水没有真正界定该海域的特征。尤其值得一提的是"领水"。在国际法中,国家的领土构成包括领陆、领水、领空和底土,而领水是指一国主权管辖下的一切水域,既包括一国的内陆水、内海水,也包括一国的领海,因而领海只是领水的一部分,二者不能等同(屈广清,曲波,2011)。

原文:第十六条 从事内水、近海捕捞业,必须向渔业行政主管部门申请领取捕捞许可证。海洋大型拖网、围网作业的捕捞许可证,由国务院渔业行政主管部门批准发放。

译文:Article 16 Any unit or individual that intends to engage in inland water or inshore fishing must first apply to departments of fishery administration for fishing licences. Licences for using large trawls and purse seines in marine fishing shall be granted upon approval by the department of fishery administration under the State Council.

评析:"内水"应该译为internal water,包括一国境内所有的水域。inland water指的是内陆中的水域,只是"内水"的一部分。

三、法律效力不对等

情态助动词往往是表达法律强制力的手段,翻译中错用情态助动词,会导致法律效力未能实现对等传达。

原文:第十二条 全民所有制单位之间、集体所有制单位之间以及全民所有制单位与集体所有制单位之间的水面、滩涂所有权和使用权的争议,由当事人协商解决;协商不成的,由县级以上地方人民政府处理。当事人对有关人民政府的处理决定不服的,可以在接到通知之日起三十天内,向人民法院起诉。

在水面、滩涂所有权和使用权的争议解决以前,任何一方不得破坏养殖生产。

译文: Article 12 Disputes over the ownership and rights to the use of water surfaces or tidal flats that arise between units under ownership by the whole people, between units under collective ownership or between units under ownership by the whole people and units under collective ownership shall be solved through consultation between the parties concerned. If no agreement is reached through consultation, the disputes shall be handled by a people's government at or above the county level. If a party refuses to accept the decision of the people's government, it may file a suit in a people's court within 30 days after receiving notification of the decision.

Before the disputes over ownership and rights to the use of certain water surfaces or tidal flats are solved, no party may disrupt fishery production in the disputed areas.

评析:法律英语中使用的情态助动词应该与原文的强制程度相当。原文中用的是"不得",表示"禁止",那么应该使用 shall not。may 表示"许可"。shall 在法律英语中表示"义务",shall not 表示"禁止",即"不得""不能做";may 表示"权利",不带强制性。用 may 提出的要求,表示"允许"或"许可"。

四、句子关系被改变

汉语属于意合语言,英语属于形合语言。汉语中的从句与主句的关系在译成英文的过程中应尽量保持与原文一致,一旦发生改变,则改变了原文的法律意图。

原文:第四条 国家鼓励渔业科学技术研究,推广先进技术,<u>提高渔业科学技术水平</u>。

译文: Article 4 The state shall encourage research in fishery science and technology and popularization of advanced technology <u>in order to raise the level of</u> the country's fishery science and technology.

评析:此处"研究"应该用复数,即 researches,因为这样的研究是很多的。popularization 后的 of 有对象,那么前面应该加上 the 以特指。"国家鼓励"的对象应该包括"研究""推广"和"提高",因此"提高渔业科学技术水平"不是前面句子的目的状语,而应该单独成为宾语。翻译中不能改变原文中的句子关系和法律地位。

修改译文: The state shall encourage researches in fishery science and technology, the popularization of advanced technology and the promotion of fishery science and technology.

五、用词不一致

在同一部法律中,对法律关键术语的表述应该一致,这就是法律术语的稳定性和一致性,体现了法律文本的严谨性。

原文:第二十四条 禁止围湖造田。沿海滩涂未经县级以上人民政府批准,不得围垦;重要的苗种基地和养殖场所不得围垦。

译文: Article 24 It shall be forbidden to reclaim land from lakes. Without approval from a people's government at or above the county level, it shall not be allowed to enclose tidal flats for cultivation and no one shall be allowed to reclaim land from water areas that are used as major seedling producing centres and aquatic breeding grounds.

评析:"禁止"一词的英文翻译前后不一致。前文已经用了"prohibit",这里又用"forbid",这是法律英语所忌讳的。两个词也是有区别的。prohibit 意为"to forbid by law",特指法律禁止;forbid 表示禁止时范围更广。

第四节 《中华人民共和国海洋环境保护法》英译问题评析

《中华人民共和国海洋环境保护法》是为了保护和改善海洋环境,保护海洋资源,防治污染损害,维护生态平衡,保障人体健康,促进经济和社会的可持续发展而制定的法律。其于1982年8月23日由全国人民代表大会常务委员会令第九号公布,由中华人民共和国第九届全国人民代表大会常务委员会第十三次会议于1999年12月25日修订通过，自2000年4月1日起施行。2017年11月4日，第十二届全国人民代表大会常务委员会第三十次会议决定，通过对《中华人民共和国海洋环境保护法》做出修改，自2017年11月5日起施行。《中华人民共和国海洋环境保护法》根据该决定做相应修改，重新公布。以下英译引自人大网2000年版。

一、用词不准确

原文：第一条　为了保护海洋环境及资源，防止污染损害，保护生态平衡，保障人体健康，促进海洋事业的发展，特制定本法。

译文：Article 1 This Law is formulated in order to protect the marine environment and resources, prevent pollution damage, maintain ecological balance, safeguard human health and promote the development of marine programmes.

评析："制定法律"指立法机构依照法律程序制定法律，应该用 enact。formulate 指的是行政机构制定一些规章制度。"marine programme"指的是海洋项目，海洋事业可以翻译为"marine enterprise"。

原文：第二条　本法适用于中华人民共和国的内海、领海以及中华人民共和国管辖的一切其他海域。

译文：Article 2 This Law shall apply to the internal seas and territorial seas of the People's Republic of China and all other sea areas under the jurisdiction of the People's Republic of China.

评析："内海"对应的准确英文为"enclosed sea"。"领海"的准确译文为"territorial sea"。

原文：在海上自然保护区、水产养殖场、海滨风景游览区内，不得新建排污口。本法公布前已有的排污口排放污染物不符合国家排放标准的，应当限期治理。

译文：No additional outlet for discharging sewage shall be allowed within marine sanctuaries, aquacultural grounds and seashore scenic and tourist areas. Those outlets already in existence before the promulgation of this Law, where the discharge of pollutants is not in conformity with the state standards, shall be improved within a prescribed period of time.

评析：水产养殖场=aquacultural grounds？海上水产养殖场并非 grounds，而是在水上，因此用 ground 是错误的，应用其专门的术语 aquafarm。

原文：第四十一条 凡违反本法，造成或者可能造成海洋环境污染损害的，本法第五条规定的有关主管部门可以责令限期治理，缴纳排污费，支付消除污染费用，赔偿国家损失；并可以给予警告或者罚款。当事人不服的，可以在收到决定书之日起十五日内，向人民法院起诉；期满不起诉又不履行的，由有关主管部门申请人民法院强制执行。

译文：Article 41 In the case of a violation of this Law that has caused or is likely to cause pollution damage to the marine environment, the competent authorities prescribed in Article 5 of this Law may order the violator to remedy the pollution damage within a definite time, pay a pollutant discharge fee, pay the cost for eliminating the pollution and compensate for the losses sustained by the state; they may also give the violator a warning or impose a fine. An involved party contesting the decision may file a suit in a people's court within 15 days after it has received the written decision. If a suit has not been filed and the decision has not been carried out upon the expiration of that period, the competent authorities shall request the people's court to enforce the decision in accordance with the law.

评析: people's court 意为"a special court established to handle small claims or debts, usually without the services of lawyers", 即 "小额索赔法庭", 与我国的"人民法庭"在意义上相去甚远。

二、语法问题

原文: 第十七条 勘探开发海洋石油, 必须配备相应的防污设施和器材, 采取有效的技术措施, 防止井喷和漏油事故的发生。

译文: Article 17 In exploring and exploiting offshore oil resources, appropriate anti-pollution facilities and equipment shall be made available, and effective technical measures shall be taken to prevent blowouts or accidents from oilleakage.

评析: prevent something from something, 用于此处容易产生歧义。 prevent accidents from oil leakage=防止事故免受漏油? "事故"一词本身就包含在"oil leakage"之中了, 没有必要画蛇添足, 故应该译为 prevent blowouts or oil leakage。

原文: 发生井喷、漏油事故的, 应当立即向国家海洋管理部门报告,并采取有效措施,控制和消除油污染,<u>接受</u>国家海洋管理部门的<u>**调查处理**</u>。

译文: Once a blowout or <u>oil leakage accident</u> occurs, the unit concerned shall immediately report it to the state administrative department of marine affairs, take effective measures to control and eliminate oil pollution and <u>accept the investigation and handling</u> of the case by the department.

评析:"漏油事故"的翻译前后不一致,前面用的是"accident from oil leakage",这里用的是"oil leakage accident",应该统一为"oil leaking accident"。"调查处理"= investigation and handling of the case?"接受调查处理"的英文翻译"accept the investigation and handling"比较 Chinglish,不符合法律英语表达习惯,应该译为 subject to the investigation and handling。

原文:第七条　建造港口、油码头,兴建入海河口水利和潮汐发电工程,必须采取措施,保护水产资源。在鱼蟹洄游通道筑坝,要建造<u>相应的过鱼设施</u>。

译文: Article 7 Measures must be taken to protect the aquatic resources when building harbours and oil terminals, as well as water conservancy facilities and tidal power stations in estuaries. Dams to be built across fish and crab migration routes shall be provided <u>with appropriate fish passagefacilities</u>.

评析:原文强调的信息焦点是"要建造相应的过鱼设施",而英文译文中的主语是"dams to be built",信息焦点为"筑坝",信息焦点与原文不一致。如果译成"Appropriate fish passage facilities shall be built in the dams across fish and crab migration routes",则语句的信息焦点和强调的重心与原文保持一致,语用效果要好得多。

参考文献

NIDA E, TABER C, 1969. The theory and practice of translation [M]. Leiden：E. J. Brill.

NORD C, 2001. Translating as a purposeful activity：functionalist approaches explained [M]. 上海：上海外语教育出版社.

大卫·梅林科夫,2014. 法律的语言[M]. 廖美珍,译. 北京：法律出版社.

李克兴,2010. 论法律文本的静态对等翻译[J]. 外语教学与研究(1)：59-65.

屈广清,曲波,2011. 海洋法[M]. 北京：中国人民大学出版社.

屈文生,2022. 中国立法文本对外翻译的原则体系：以民法英译实践为中心[J]. 中国外语(1)：1-20.

苏珊·沙切维奇,2017. 法律翻译新探[M]. 赵军峰,等,译. 北京：高等教育出版社.

谭载喜,2004. 西方翻译简史[M]. 北京：商务印书馆.

万立,2020. 中国法的对外翻译：以欧盟法的翻译策略、实践及经验为镜鉴[J]. 外语与外语教学(6)：22-31.

张法连,2021. 从《民法典》英译看法律翻译质量管控体系建构[J]. 中国翻译(5)：121-130.

张新红,2001. 文本类型与法律文本[J]. 现代外语(2)：192-200.

第五章

中国海洋法律文本英译中的准确性原则

第一节　法律翻译中的准确性原则

准确性原则是一致性原则和通约性原则的基础。法律由立法机关依照立法程序制定。法律一经制定具有法定约束力,由国家权力机关强制执行。法律语言作为法律的表现形式和法律信息的载体,必须具有准确性和严谨性,才能体现法律的严肃性和权威性。法律语言的准确性是由法律的社会功能决定的。有学者曾说:"任何合同或制定法应尽量准确,以至于任何人,无论他是多么聪明和狡诈,在恶意解读时,都不可能产生误解。"

准确严谨是法律语言的灵魂和生命,也是法律翻译的基本要求,只有准确和严谨的法律翻译才能传达原文的权威性和严谨性。忠实于原文,最大限度地使译文准确无误是法律翻译区别于其他文体翻译的一个重要特征。因此,法律翻译的第一原则便是准确性原则(principle of accuracy)。

张法连(2021)指出,法律翻译译文应当尽量符合立法原意,法律法规翻译要做到字字准确，句句对等。准确严谨性标准要求中英文法律语言真实含义之间的等同，而不是表面上的意思对等。法律翻译的准确性主要体现在术语、词组和句法三个层面。

准确性原则首先体现在词义的准确性上。法律术语是定义严格、意义准确的术语，一般不轻易换词，是法律界普遍认可而通用的表达。我们在翻译法律术语时应该做到内涵和外延两个方面都精准对接，即译文术语与原文术语一一对应，不多不少，不偏不倚。彼得·纽马克（Peter Newmark）将词义分为三种：认知意义（cognitive meaning）、交际意义（communicative meaning）和联想意义（associative meaning）。这三类意义又可以细分，比如，认知意义包括语言意义（linguistic meaning）、指称意义（referential meaning）、暗含意义（implicit meaning）和主位意义（thematic meaning），交际意义包括施为意义（illocutionary meaning）、行为意义（performative meaning）、推理意义（inferential meaning）和预测意义（prognostic meaning）。英国语言学家利奇（G.Leech，1987）在《语义学》（*Semantics*）中提出了七种意义类型：表示词和它所指事物之间关系的概念即外延意义（conceptual meaning/denotative meaning）、通过语言所指所传达的内涵意义（connotative meaning）、传达关于语言使用的社会环境的社会意义（social meaning）、传达关于说话者/作者感情、态度方面的情感意义（affective meaning）、通过同一表达式的其他意思所传达的反射意义（reflective meaning）、通过词语的常用搭配而传达的搭配意义（collocative meaning）以及通过顺序和重音这种组织信息的方式所传达的主题意义（thematic meaning）。然而在法律英语中，专业词汇的意义往往是特定的、中性的、庄重的,很少使用反映人的主观褒贬、吉凶、悲喜、美丑等感情色彩比较强烈的词。词汇在法律这一语域(register)中经过历史的积淀,往往具有与其在日常生活中不一样的意义,如 consideration 在日常生活中有"考虑"的意思,而在法律合同中表示"对价"。

法律翻译中词语搭配也必须准确无误,符合法律英语表述惯例,不能按照中文意思胡乱搭配,因为法律英语中很多词语搭配是长期使用的结果,已经成为一种固定的形式,如 null and void(无效)、sole and exclusive(单一)、enter into contract(订立合同)、perform the contract(履行合同)、breach the contract(违约)、material revision(重大修改)等。

法律翻译中句法讲究严谨准确,不能含糊其词,更不能像文学语言那样同时充满多种解读,绝对不能搞一些双关之类的修辞手段,如《哈姆雷特》中的"too much in the sun/son"之类的俏皮话绝对不可以出现在法律英语之中。法律英语中每句话的意思都要经过反复推敲,确保其中没有歧义或者漏洞。法律语言如果能够被人找到漏洞或歧义,那么就是一种重大失误,不法分子和投机分子就会利用这些漏洞或歧义钻法律的空子,这绝对是立法者所不愿意看到的。法律翻译中句子也应该做到反复推敲,绝对忠实准确地表达原文的意义,丝毫都不能偏离。这就要求使用准确的法律英语表述结构和句式。法律语言的特点前文已有详述,此处不再赘述。

经过文本细读,我们发现我国海洋法律文本中存在着不少违背准确性原则的问题。

一、专业词汇翻译不准确

海洋法律专业词汇不能望文生义,必须深入研究该英语词汇在法律英语语境中的意义,准确把握其内涵与外延。

原文:第一条 为了加强渔业资源的保护、增殖、开发和合理利用,发展人工养殖,保障渔业生产者的<u>合法权益</u>,促进渔业生产的发展,适应社会主义建设和人民生活的需要,特<u>制定</u>本法。(《中华人民共和国渔业法》)

译文: Article 1 This Law is <u>formulated</u> for the purpose of enhancing the protection, increase, development and reasonable utilization of fishery resources, developing artificial cultivation, protecting fishery workers' <u>lawful rights and interests</u> and boosting fishery production, so as to meet the requirements of socialist construction and the needs of the people.

评析:"合法权益"在海洋法律文本中大都被译为 lawful rights and interests,而最准确的译法应该是 legitimate rights and interests。legal、lawful 和 legitimate 三个词的意义是有区别的。legal 意为"connected with, in accordance with, authorized or required by the law"(与法律有关的,按照法律的,法律授权的,法律要求的)。legal act(法律行为)和 legal agent(法定代理人),强调是否符合法律形式上的要求。lawful 在《韦氏法律词典》中的解释为:being in harmony with the law, 如 lawful judgement;constituted, authorized or established by law, 如 a lawful duty;law-abiding, 如 lawful citizens。据此可知,lawful 强调法律内容上的要求。legitimate 意

为"being in accordance with law or with established legal forms and requirements",如 a legitimate government；此外，legitimate 还可指 "conforming to recognized principles or accepted rules and standards",如 a legitimate claim of entitlement。据此可知，legitimate 强调合法性、正当性（傅伟良，2003）。

原文：第一条　为了保护海岛及其周边海域生态系统，合理开发利用海岛自然资源，维护国家<u>海洋权益</u>，促进经济社会可持续发展，<u>制定</u>本法。(《中华人民共和国海岛法》)

译文：Article 1 This Law is <u>formulated</u> for the purposes of protecting the ecosystem of offshore islands and their surrounding waters, rationally developing and utilizing the natural resources of offshore islands, safeguarding national <u>maritime rights</u> and interests as well as promoting sustainable economic and social development.

评析："通过法律程序制定法律"中的"制定"，应该用 enact，而不是 formulate。formulate 和 enact 的区别在于：根据《牛津现代高级英文辞典》中的释义，formulate 意为"express clearly and exactly"（明确表达），比如 formulate one's thoughts/ a doctrine（明确表达思想或宗旨）。根据《韦氏法律词典》中的释义，enact 意为 "to establish by legal and authoritative act：make into law, e.g. enact a bill",表示制定法律、颁令、规定。

原文：第一条　为行使中华人民共和国对领海的主权和对毗连区的管制权，维护国家安全和<u>海洋权益</u>，制定本法。《中华人民共和国领海法》

译文: Article 1 This Law is enacted for the People's Republic of China toexercise its sovereignty over its territorial sea and the control over its contiguous zone, and to safeguard its national security and its <u>maritime rights and interests</u>.

评析: 如第三章所述,"海洋权益"的准确译法是"marine rights and interests",而不是"maritime rights and interests",后者指的是"海事权益"。

二、海洋法律专业用词与国际海洋法公约表述不一致

法律专业用词应与国际条约表述保持一致,否则很难被国际法律界所理解和接受。

原文: 第十六条 从事<u>内水</u>、近海捕捞业,必须向渔业行政主管部门申请领取捕捞许可证。海洋大型拖网、围网作业的捕捞许可证,由国务院渔业行政主管部门批准发放。

译文: Article 16 Any unit or individual that intends to engage in <u>inland water</u> or inshore fishing must first apply to departments of fishery administration for fishing licences. Licences for using large trawls and purse seines in marine fishing shall be granted upon approval by the department of fishery administration under the State Council.

评: "内水"应译为 internal waters,而不是 inland water。第三章已有详述,此处不再赘述。

原文: 第一条 为保护、拯救珍贵、<u>濒危</u>野生动物,保护、发展和合理利用野生动物资源,维护生态平衡,制定本法。(《中华人民

共和国野生动物保护法》)

译文: Article 1 This Law is <u>formulated</u> for the purpose of protecting and saving the species of wildlife which are rare or <u>near extinction</u>, protecting, developing and rationally utilizing wildlife resources and maintaining ecological balances.

评析:"濒危"应该翻译为 endangered,如《濒危野生动植物种国际贸易公约》的英文名为 Convention on International Trade in Endangered Species of Wild Fauna and Flora。

三、搭配不当或漏译,容易产生误解

翻译是一种跨语际活动,词汇搭配要遵循本语言语境的习惯,在翻译时不可以直接字对字地翻译,这样很容易产生词语搭配不当的问题。这种翻译往往难以被译入语读者所理解。

原文:第七条 港口规划应当根据国民经济和社会发展的要求以及<u>国防建设</u>的需要编制,体现合理利用岸线资源的原则,符合城镇体系规划,并与土地利用总体规划、城市总体规划、江河流域规划、防洪规划、海洋功能区划、水路运输发展规划和其他运输方式发展规划以及法律、行政法规规定的其他有关规划相衔接、协调。

译文: Article 7 A port planning shall be worked out in light of the requirements on national economy and social development as well as the needs in <u>national defense building</u>, embody the principle of reasonably utilizing coastline resources, conform to the planning of urban system, and be connected and in line with the overall planning on land utilization, the overall city planning, the planning of river valleys, the planning on prevention and control of floods, the divisions of maritime functions, the development planning on transportation by water and the development planning on other methods of transportation as well as other relevant planning prescribed in laws and administrative regulations.

评析："国防建设"≠national defense building。 national defense building 有"国防大楼"的意思。"国防建设"应该译为 the construction of national defense。

原文:第六条 海警机构及其工作人员依法执行职务受法律保护,任何组织和个人不得非法干涉、拒绝和阻碍。(《中华人民共和国海警法》)

译文: Article 6 A coast guard agency and its employees performing their duties in accordance with the law shall be under the protection of the law, and no organization or individual may illegally interfere, refuse, or create an obstruction.

评析:海警机构的工作人员是属于公务员系列,应该译为 staff 或者 functionary,而不是 employee,因为 employee 包括海警机构雇用的工作人员,如非公务员。 此处"受法律保护"的对象是"依法执行职务",因此译文没有准确翻译出原文的意思。应该译为: the legal performance of the duties by coast guard agencies and its staff shall be protected by the law。

原文:第二条 在中华人民共和国境内从事野生动物的保护、驯养繁殖、开发利用活动,必须遵守本法。(《中华人民共和国野生

动物保护法》)

译文: Article 2 All activities within the territory of the People's Republic of China concerning the protection, domestication, breeding, development and utilization of species of wildlife must be conducted in conformity with this Law.

评析: in conformity with 强调的是"与……一致",而"遵守"用 in accordance with 这个词组更为准确。

原文: 港口行政管理部门应当按照国家有关规定将港口经营人报送的统计资料及时上报,并为港口经营人保守商业秘密。

译文: The administrative department of port shall, in accordance with the relevant provisions of the State, report in good time the statistical documents submitted by the business operators of port to the superior department, and maintain commercial secrets for the business operators of port.

评析: "保守秘密"应该译为 keep secrets。maintain 一词一般不与 secrets 搭配。

第二节 《中华人民共和国野生动物保护法》英译问题评析

我国历来非常重视野生动物保护立法。1988 年 11 月 8 日,第七届全国人民代表大会常务委员会第四次会议通过《中华人民共和国野生动物保护法》。2004 年 8 月 28 日,第十届全国人民代表大会常务委员会第十一次会议《关于修改〈中华人民共和国野生动物保护法〉的决定》第一次修正《中华人民共和国野生动物保护法》。2009年8月27日,第十一届全国人民代表大会常务委员会第十次会议《关于修改部分法律的决定》第二次修正《中华人民共和国野生动物保护法》。2016年7月2日,第十二届全国人民代表大会常务委员会第二十一次会议修订《中华人民共和国野生动物保护法》。2018年10月26日,第十三届全国人民代表大会常务委员会第六次会议通过,修改《中华人民共和国野生动物保护法》。

以下英译版为国家海洋局政策法规和规划司编《海洋法规选编》(第403—412页)。

原文:第一条 为保护、拯救珍贵、濒危野生动物,保护、发展和合理利用野生动物资源,维护生态平衡,制定本法。

译文: Article 1 This Law is <u>formulated</u> for the purpose of protecting and saving the species of wildlife which are rare or <u>near extinction</u>, protecting, developing and rationally utilizing wildlife resources and maintaining ecological balances.

评析: formulated 修改为 enacted; near extinction 修改为 endangered。

原文:本法各条款所提野生动物,均<u>系</u>指前款<u>规定</u>的受保护的野生动物。

译文: The wildlife referred to in the provisions of this Law <u>means</u> the wildlife which <u>shall</u> enjoy protection as <u>prescribed</u> in the preceding paragraph.

评析:means 应该修改为 refers to。滥用 shall,用动词原形即可。

原文:珍贵、濒危的水生野生动物以外的其他水生野生动物的保护,适用渔业法的规定。

译文: As regards the protection of the species of aquatic wildlife other than those which are rare or <u>near extinction</u>, the provisions of the Fisheries Law shall apply.

评析:"濒危"在国际条约中一般译为 endangered。near extinction 的意思能为人理解,但不符合法律英语的习惯用法。

原文:国家保护<u>依法</u>开发利用野生动物资源的单位和个人的<u>合法权益</u>。

译文: The state protects <u>the lawful rights and interests</u> of units and individuals engaged in the development or utilization of wildlife resources <u>according to law</u>.

评析:"合法权益"的译文在整部海洋法律中都不一致,有的地方用了 lawful,有的地方用了 legitimate,建议统一使用 legitimate。前文已有论述,此处不再赘述。

原文:第五条 中华人民共和国公民有保护野生动物资源的义务,对侵占或者破坏野生动物资源的行为有权<u>检举</u>和<u>控告</u>。

译文: Article 5 Citizens of the People's Republic of China shall have the duty to protect wildlife resources and the right to inform the authorities of or file charges against acts of seizure or destruction of wildlife resources.

评析:"检举"是一种向国家管理部门举报的法律行为,而 inform 是一个中性词,即通知、告知,故译为 report to the authorities 更为准确。

原文：第十六条　禁止猎捕、杀害国家重点保护野生动物,因科学研究、驯养繁殖、展览或者其他特殊情况,需要捕捉、捕捞国家一级保护野生动物的,必须向国务院野生动物行政主管部门申请<u>特许猎捕证</u>;

译文：Article 16 The hunting, catching or killing of wildlife under special state protection shall be prohibited. Where the catching or fishing for wildlife under first class state protection is necessary for scientific research, domestication and breeding, exhibition or other special purposes, the unit concerned must apply to the department of wildlife administration under the State Council for a <u>special hunting and catching license</u>;

评析："special hunting and catching license"中形容词与中心词离得太远,容易产生歧义,"特许"的是"证",不是"hunting",故译成 special license for hunting and catching 更为严谨。

第三节　《中华人民共和国海上交通安全法》英译问题评析

《中华人民共和国海上交通安全法》于1983年9月2日第六届全国人民代表大会常务委员会第二次会议通过,1983年9月2日中华人民共和国主席令第七号发布,1984年1月1日起施行。新修订的《中华人民共和国海上交通安全法》由中华人民共和国第十三届全国人民代表大会常务委员会第二十八次会议于2021年4月29日修订通过,自2021年9月1日起施行。

修订后的《中华人民共和国海上交通安全法》共十章一百二十二条,新增八项法律制度,充实完善六项法律制度。主要规定了以下内容:一是优化海上交通条件,提高安全保障水平;二是强化船舶、船员管理,规范海上交通行为;三是严控行政许可事项,规范行政执法行为;四是完善海上搜救机制,健全事故调查处理制度。此外,此次修订对各类违法行为规定了严格的法律责任,强化责任追究。

新冠肺炎疫情暴发以来,船舶的疫情防控问题引发各方关注。修订后的《中华人民共和国海上交通安全法》明确:发现在船人员患有或者疑似患有严重威胁他人健康的传染病的,船长应当立即启动相应的应急预案,在职责范围内对相关人员采取必要的隔离措施,并及时报告有关主管部门。

此外,修订后的《中华人民共和国海上交通安全法》,进一步强化船员在船工作权益保障,新增海事劳工证书许可、船员境外突发事件预警和应急处置等制度,首次将船员权益保障写入国内法律,更为有效地维护船员权益。以下引用的版本包括1983年版本(《海洋法规选编》)和2021年版本的英文版(人大网)。

1983年版:

原文:第一条　为加强海上交通管理,保障船舶、设施和人命财产的安全,维护国家权益,特制定本法。

译文:Article 1 This Law is formulated in order to strengthen the control of maritime traffic; ensure the safety of vessels, installations, human life and property; and safeguard the rights and interests of the state. (《海洋法规选编》)

原文:第十一条　外国籍非军用船舶,未经主管机关批准,不得进入中华人民共和国的内水和港口。但是,因人员病急、机件故障、遇难、避风等意外情况,未及获得批准,可以在进入的同时向主管机关紧急报告,并听从指挥。

外国籍军用船舶,未经中华人民共和国政府批准,不得进入中华人民共和国领海。

译文: Article 11 Non-military vessels of foreign nationality may not enter the internal waters and harbours of the People's Republic of China without the approval of its competent authorities. However, under unexpected circumstances such as critical illness of personnel, engine breakdown or the vessels being in distress or seeking shelter from weather when they do not have the time to obtain approval, they may, while entering China's internal waters of harbour, make an emergency report to the competent authorities and shall obey its directions.

Military vessels of foreign nationality may not enter the territorial waters of the People's Republic of China without the approval of the Government of the People's Republic of China.

评析:"病急"的英文是acute illness或acute disease;"机件故障"的英文是mechanical breakdown;"避风"的英文是seek shelter from strong winds;"听从指挥"译为follow the directions更好些;"领海"的准确译文是the territorial sea,译文中的the territorial waters指的是"领水"。

原文:第三十八条　主管机关接到求救报告后,应当立即组织救助。有关单位和在事故现场附近的船舶、设施,必须听从主管机关的<u>统一指挥</u>。

译文: Article 38 Upon receiving a request for rescue, the competent authorities shall immediately organize a rescue operation. All units concerned and vessels or installations in the vicinity of the scene must act <u>under the orders</u> of the competent authorities.

评析:"统一指挥"的英文应用 under the uniform orders。

原文:第四十条　对影响安全航行、航道整治以及有潜在爆炸危险的沉没物、漂浮物,其所有人、经营人应当在主管机关限定的时间内打捞清除。否则,主管机关有权采取措施强制打捞清除,其全部费用由沉没物、漂浮物的所有人、经营人承担。

本条规定不影响沉没物、漂浮物的所有人、经营人向第三方<u>索赔</u>权利。

译文: Article 40 With respect to sunken or drifting objects that may affect the safety of navigation and the management of navigation lanes, as well as those constituting a threat of explosion, the owners or managers thereof shall salvage and remove such objects within a deadline set by the competent authorities. Otherwise, the competent authorities shall have the right to take measures to compel the salvage and removal of the objects, and their owners or managers shall bear all the expenses incurred thereby. The provisions of this Article shall not prejudice the rights of the owners or managers of the sunken or drifting objects to <u>demand compensation</u> from third parties.

评析：索赔 = demand compensation?"索赔"的法律英语是 claim the damage。

原文：第五十一条　国务院主管部门<u>依据</u>本法，制定实施细则，报国务院批准施行。

译文：Article 51　The competent department of the State Council shall, <u>on the basis of</u> this Law, formulate rules for its implementation, which shall go into effect after being submitted to and approved by the State Council.

评析："依据本法"用 in accordance with this law。

2021年版：

原文：《中华人民共和国海上交通安全法》（2021年修订）

译文：<u>Maritime Traffic Law</u> of the People's Republic of China (2021)

评析：应为 maritime traffic safety law，2021年版少了一个 safety。

原文：第一条　为了加强海上交通管理，维护海上交通秩序，保障生命财产安全，维护国家权益，<u>制定</u>本法。

译文：Article 1 For the purposes of strengthening maritime traffic management, maintaining the maritime traffic order, ensuring the safety of life and property, and safeguarding rights and interests of the state, this Law is <u>developed</u>.

评析："制定"应该用 enact。develop 的意思是"开发，发展"，没有"制定"的意思。

原文：海上交通安全工作坚持安全第一、<u>预防为主</u>、便利通行、依法管理的原则,保障海上交通安全、有序、畅通。

译文 : The maritime traffic safety work shall be completed under the principles of safety first, <u>prevention first</u>, convenient traffic, and legal management to ensure the safety, order, and smoothness of maritime traffic.

评析 :"预防为主"用 prevention-oriented。prevention first 的意思是"预防第一",与原文意思相去甚远。

原文:第十条 船舶依照有关船舶登记的法律、行政法规的规定向海事管理机构申请船舶国籍登记、取得国籍证书后,方可<u>悬挂</u>中华人民共和国国旗航行、停泊、作业。

译文 : Article 10 A vessel may only sail, berth, and operate <u>under the flag of China</u> after applying to the maritime safety administration for vessel nationality registration and obtaining a nationality certificate in accordance with the relevant laws and administrative regulations on vessel registration.

评析 : 此处"中华人民共和国国旗"应该用 the flag of the People's Republic of China,中文的全称要用英文的全称对应,彰显国家法律权威,不可随意简化。

原文:第五十三条 国务院交通运输主管部门为维护海上交通安全、保护海洋环境,可以会同有关主管部门采取必要措施,防止和制止外国籍船舶在领海的<u>非无害通过</u>。

译文 : Article 53 To maintain maritime traffic safety and protect the maritime environment, the competent transport department under the State Council may, in conjunction with the relevant competent departments, take necessary measures to prevent and stop <u>non-harmful passage</u> of foreign vessels in the territorial waters.

评析:"无害通过"在《联合国海洋法公约》中有明确的专业英语表达:innocent passage。故"非无害通过"可译为 non-innocent passage。海洋法律专业术语翻译与国际海洋法表述一致是与国际对话沟通的基础。

原文:第五十五条 除依照本法规定获得进入口岸许可外,外国籍船舶不得进入中华人民共和国内水;但是,因<u>人员</u>病急、机件故障、遇难、避风等紧急情况未及获得许可的可以进入。

译文: Article 55 Besides obtaining a permit for entering a port in accordance with the provisions of this Law, a foreign vessel shall not enter the internal waters of China; however, a vessel having not obtained a permit yet due to such emergency circumstances as acute diseases of <u>personnel</u>, machine failures, disasters, and sheltering from the wind, may enter the internal waters of China.

评析:船上的"人员"有准确的英文表达:crew members。personnel 的意思过于宽泛,表示"a body of persons usually employed (as in a factory or organization)"。

原文:第六十六条 海上遇险人员依法享有<u>获得生命</u>救助的权利。生命救助优先于环境和财产救助。

译文: Article 66 Persons in distress at sea shall <u>have the right to life rescue</u> in accordance with the law. Life rescue shall take precedence over environmental and property rescue.

评析:应为 have the right to obtain life rescue,此处"获得"被漏译。

原文:第七十三条 发生碰撞事故的船舶、海上设施,应当互通名称、国籍和登记港,在不严重危及自身安全的情况下尽力救助对方人员,不得擅自离开事故现场水域或者逃逸。

译文: Article 73 For vessels and offshore facilities involved in collisions, their names, nationalities and ports of registry shall be exchanged, efforts shall be made to rescue the other party's personnel without seriously jeopardizing their own safety, and they shall not leave waters where accidents occur or escape without authorization.

评析:waters 前应加上 the,后面的地点定语从句限定了事故水域,应该是特指。

原文:第七十四条 遇险的船舶、海上设施及其所有人、经营人或者管理人应当采取有效措施防止、减少生命财产损失和海洋环境污染。船舶遇险时,乘客应当服从船长指挥,配合采取相关应急措施。乘客有权获知必要的险情信息。

译文: Article 74 Vessels, offshore facilities and their owners, operators or managers in distress shall take effective measures to prevent and reduce loss of life and property and pollution of the maritime environment. When a vessel is in distress, passengers shall obey the command of the captain and cooperate with the relevant emergency measures. Passengers shall have the right to know the necessary information on danger.

评析:"海洋环境"应译为 maritime environment;"服从指挥"应译为 follow the directions;"险情信息"应译为 information on the situation of danger。

参考文献

傅伟良,2003.法律文件中的近义和同义词翻译[J].中国翻译(4): 66-69.

张法连,2021.从《民法典》英译看法律翻译质量管控体系建构[J]. 中国翻译(5):121-130.

第六章

中国海洋法律文本英译中的简约性原则

第一节　法律翻译中的简约性原则

英语世界20世纪90年代开始了"简明英语运动",即所有立法和公文中使用的英语尽量简洁明了。发展至今的"简明英语运动"倡导"以简明易懂的英语撰写以使须依照有关法令办事的人都能看懂",已在多国的法律文本、行政文献中取得令人瞩目的成效。该理念对当下汉语法律文本英译的各个方面,如词语选择、句法构建和篇章布局都有重要的借鉴意义。

简明英语的基本原则:

(1)篇章布局合理;

(2)言简意赅;

(3)信息流动通畅;

(4)使用断句;

(5)多用主动语态;

(6)使用强势动词,避免把动词变为名词;

（7）使用读者熟悉的词汇；

（8）避免含糊不清；

（9）用人称代词拉近与读者的距离；

（10）避免一连串的名词修饰名词；

（11）避免涉嫌性别歧视的说法；

（12）避免否定的表达方式，尤其是双重否定；

（13）外观设计醒目。（李长栓，2021）

王东风（2014）借鉴格莱斯的会话原则创造性地提出了"译者的会话原则"：

（1）量的准则

（i）你译出的话要尽可能包含原文所需的信息（符合原文的交流目的）

（ii）你译出的话不要包含超过体现原文所需的信息量

（2）质的准则：尽量要让你译出的话是真实的，尤其是

（i）不要说你认为是错的话

（ii）不要说没有确切根据的话

（3）关系准则：要注意关联

（4）方式准则：要注意简洁

（i）语言表达要避免晦涩

（ii）要避免歧义

（iii）要简练（避免不必要的冗繁）

（iv）要有条理

如果说格莱斯的会话原则体现了语言经济学原则，那么王东风创造的这一"译者的会话原则"则体现了翻译经济学原则，即用

最简练的译文最准确忠实地传达原文的意义。法律翻译应遵循清晰简明性原则,用最少的词语传递最大的信息量,同时保证意义的清晰,以便于受众理解,增强译文的可读性。翻译过程中使用一些简洁、精练的表达和句式往往可以达到较好的翻译效果。法律语言是最正式、最规范的语言,同时也是面对全体中国公民甚至全世界公民的语言,力图使得所有人都能准确理解、知法守法。因此使用简洁明了的语言进行立法已经成为世界立法界的共识。我国法律文本用词精练明晰,都是经过专家反复推敲润色的。然而我国的海洋法律文本英译往往用词不够简洁明晰,啰唆冗余。

原文:第十五条 从事外海、远洋捕捞业,必须经国务院渔业行政主管部门批准,国家从资金、物资、技术和税收等方面给予扶持或者优惠。(《中华人民共和国渔业法》)

译文: Article 15 Any unit or individual that wants to engage in offshore or deep sea fishing must obtain permission from the department of fishery administration under the State Council; the state shall give support or preferential treatment in <u>the form of</u> funds, materials and technology, and <u>in matters of</u> taxation.

评析:此处"the form of"和"in matters of"都属于冗余用词,完全可以直接删去而不影响语义的准确性,故可将该处修改为: in funds, materials, technology and taxation。这是符合语言的经济原则和简约性原则的。

原文:第五十九条 海警机构因开展海上维权执法工作需要,可以向有关主管部门提出协助请求。协助请求属于有关主管部门职责范围内的,有关主管部门<u>应当配合</u>。(《中华人民共和国海

警法》)

译文: Article 59 A coast guard agency may submit a request for assistance to a relevant department to meet the need for maritime rights protection and law enforcement. If the request for assistance falls within the scope of functions and powers of the relevant department, the relevant department shall <u>provide cooperation</u>.

评析: 此处的"应当配合"可直接译为 shall cooperate, 没有必要使用provide。

第二节　《中华人民共和国海警法》英译问题评析

《中华人民共和国海警法》是为规范和保障海警机构履行职责,维护国家主权、安全和海洋权益,保护公民、法人和其他组织的合法权益而制定的法律。该法旨在明确海警机构的职能定位、权限措施和保障监督,确保海警维权执法、对外合作有法可依,有助于中国海警更好履行自身职责和国际条约项下义务,维护海上良好秩序。《中华人民共和国海警法》已由中华人民共和国第十三届全国人民代表大会常务委员会第二十五次会议于2021年1月22日通过,自2021年2月1日起施行。以下英文译文选自人大网。

原文: 第一条　为了规范和保障海警机构履行职责,维护国家主权、安全和海洋权益,保护公民、<u>法人</u>和其他组织的合法权益,制定本法。

译文: Article 1 This Law is enacted for the purposes of regulating and guaranteeing the lawful performance of duties by coast guard agencies, safeguarding national sovereignty, security, and maritime rights and interests, and protecting the lawful rights and interests of citizens, <u>legal persons</u>, and other organizations.

评析:"法人"译为 legal persons 不妥,应该为 legal entities。

原文:第九条　对<u>在</u>海上维权执法活动中<u>作出突出贡献</u>的组织和个人,依照有关法律、法规的规定给予表彰和奖励。

译文: Article 9 Any organization or individual that has <u>made outstanding contributions to</u> the activities of maritime rights protection and law enforcement shall be commended and rewarded in accordance with relevant laws and regulations.

评析:原文的意思是"在"海上维权执法活动中"作出突出贡献",而不是"对"海上维权活动"作出突出贡献",因此应该用"in"。

第三节　《中华人民共和国矿产资源法》英译问题评析

《中华人民共和国矿产资源法》是中国全国人民代表大会常务委员会批准的中国国家法律文件,于1986年3月19日由第六届全国人民代表大会常务委员会第十五次会议通过,自1986年10月1日起施行。1986年3月19日由第六届全国人民代表大会常务委员会第十五次会议通过,1986年3月19日由中华人民共和国主席令第三十六号公布。根据1996年8月29日第八届全国人民代表大会常务委员会第二十一次会议《关于修改〈中华人民共和国矿产资源法〉的决定》第一次修正。根据2009年8月27日第十一届全国人民代表大会常务委员会第十次会议《关于修改部分法律的决定》第二次修正。以下英文译文选自国家海洋局政策法规和规划司编《海洋法规选编》。

原文：第三条 矿产资源属于国家所有，由国务院行使国家对矿产资源的所有权。地表或者地下的矿产资源的国家所有权，不因其所依附的土地的所有权或者使用权的不同而改变。

译文：Article 3 Mineral resources belong to the State. The rights of State ownership in mineral resources is exercised by the State Council. State ownership of mineral resources, either near the earth's surface or underground, shall not change with the alteration of ownership or right to the use of the land which the mineral resources are attached to.

评析：ownership 本身就含有"rights"，应该简化。"地表"的矿产资源指的是存于地表的矿产资源，用介词"near"不够准确，"near"表示附近、接近、临近，容易产生歧义，应使用介词 on 或 in，明确地描述"存于地表之上或之中"的矿产资源。

参考文献

李长栓,2012.非文学翻译理论与实践[M].北京:中国对外翻译出版有限公司.

王东风,2014.跨学科的翻译研究[M].上海:复旦大学出版社.

第七章

中国海洋法律文本英译中的创造性原则

第一节　法律翻译中的创造性原则

杜金榜、张福、袁亮(2004)基于沙切维奇提出的"法律翻译是交际行为"的理论框架,通过分析中国法律法规英译中所存在的问题,着力探究中国法律法规英译的一般原则、操作原则和参照准则。法律翻译的目的在于,法律翻译所产生的文本,通过保证原文与译文在解释与应用方面的一致性,从而保持单一法律依凭的同一性,译者所译文本必须与其平行文本具有等同的规约效度。由于法律法规的翻译受到原作者、接受者、原文所承载法律、译文所承载法律等因素影响,中国法律法规在术语英译、语句安排、风格把握、概念一致等方面存在诸多问题。笔者提出,法律法规英译可遵循下述一般原则:(1)语言从法原则,即译者若需在语言与法律之间有所侧重,则应遵守法律优先原则;(2)求同存异原则,即在不同法律体系间的法律翻译中,译者应尽可能寻找两者共同点,在处理法律差异时,不得已时可以运用与目的语有一定差异的表达；(3)比照不足原则，即译者应尽量使用目的语中既有的成分进行比照，目的语欠缺时，采用一定的方法进行补偿。法律法规英译的操作原则包括：(1)将法律的表达作为主要目标；(2)尽量遵从法律英语的表达规范；(3)译者积极参与；(4)重视翻译诸因素及其相互作用。这里的"求同存异原则"和"比照不足原则"都要求译者为了实现译文与原文具有"等同的规约效度"进行语言形式的创新。

玄奘的"五不翻"有两种不翻译的情况——"含多义故"和"此无故"，也有创造性翻译的特点。"含多义故"，即原文某些词语如"薄伽"具有六种意思，不能选择用其中哪个具体的意义来翻译；"此无故"，即原文词语所指在中土（译入语）没有，如"阎浮树"乃天竺所独有，因此只能音译。这其实就是为了准确忠实地保留原文的意义而采取一种"异化"翻译策略，属于一种保守的创造性翻译。(谢天振等，2009)

法律翻译要求忠实于原文，绝对不允许译者像文学翻译那样"创造性叛逆"，而是要进行"创造性忠实"，即在语言层面进行创造，力求最大限度地传达原文的意义。本书所提到的"创造性原则"是一种更高层面的"忠实"，如果译入语中没有现成的词语，则可以在忠实于原文的基础上"创造"一个对应的词来表达。这种"创造性"是针对译入语语境而言的，可以说是一种"异化"翻译策略，是"以我为主"的主体性原则。在涉及领土主权等核心利益时，我们必须坚持这一原则。如"琼州海峡"，我们直接翻译为Qiongzhou Haixia，而不是套用英语中的Qiongzhou Straits。

还有些译入语语境不存在或者具有贬义的、具有中国特色的法律现象，我们所"创造"出的英语翻译也是对世界法律英语的贡献。比如翻译"人民民主专政"时，我们不能套用 people's democratic dictatorship，而应该"以我为主"，创译为 people-oriented democratic governance。（万立认为应译为 people's democratic ruleship，但笔者认为 ruleship 还是具有贬义色彩。）"人民法院"与 People's Court 并不能画等号，因为 People's Court 在英语世界中指的是极左的专制法庭或者小金额法庭，情感意义不对等，应该重新进行创造性翻译，有人建议直接用拼音 Renmin Court。为了建立具有中国特色的海洋法话语体系，在保持与世界海洋法律体系通约的基础上，我们可以形成自己的话语，这就需要我们突出我国的文化自信、道路自信、制度自信和法律自信，应该基于我国的实际，实事求是，根据原文创造出英语国家没有的一些术语和表达方式。这是一种创造性的翻译策略，也是自信的表现。法律翻译中的创造性非常重要，无论是对部分对等的词汇进行补偿、限定或释义还是为那些找不到对等词的源语术语创造新的对等词，都需要译者进行精准而规范的创造。这无疑对译者的外语水平和法律专业知识提出了相当高的要求。

海洋法律英译中创造性原则的基础是准确性、鲜明的政治立场、强调我方的主权、兼顾英语语境的接受度。比如"南海诸岛"，我们的翻译是 Nanhai Zhudao。如《南海各方行动宣言》中：

原文：中国南海诸岛包括东沙群岛、西沙群岛、中沙群岛和南沙群岛。

译文：China's Nanhai Zhudao (the South China Sea Islands)

consists of Dongsha Qundao (the Dongsha Islands), Xisha Qundao (the Xisha Islands), Zhongsha Qundao (the Zhongsha Islands) and Nansha Qundao (the Nansha Islands).

以我国的拼音对这些地名进行直译,而不是亦步亦趋地采用英语进行解释性翻译,强化了我方的主体性地位,也从命名上确立了我方的权威地位,捍卫了我方的主权和领土完整。

对于我国特有的一些现象和事物,我们不能直接套用英语世界中的表达,因为语境不同、文化不同、法系不同,概念完全不同。我们完全可以创造性地用英语对其进行解释性翻译或创造一个新的词汇。这也符合英语成为世界通用语之后各国本土化的惯例。英语已经不仅仅属于英语国家,而成为世界公共产品。"中国英语"区别于"中式英语","中式英语"是语法错误、用词错误的不规范语言,而"中国英语"是用英语来描述中国事物的英语,是规范的英语。

原文:第五条 在增殖和保护渔业资源、发展渔业生产、进行渔业科学技术研究等方面成绩显著的单位和个人,由各级人民政府给予精神的或者物质的奖励。(《中华人民共和国渔业法》)

译文: Article 5 People's governments at various levels shall give moral encouragement or material awards to units and individuals who make outstanding contributions to the increase and protection of fishery resources, to development of fishery production, or to research in fishery science and technology.

评析:"精神鼓励"是我国社会主义精神文明建设的一部分,区别于西方国家"重物质、轻精神"的社会文化。故"精神鼓励"可以翻译成 honorary endowments。

对于那些具有中国特色且如果按照英语直译容易造成误解或有负面影响的词汇,应该创造一个新的译名,并附上英文解释为其正名,避免掉入自我污名化的语言陷阱之中。

原文:第三十一条　因海域使用权发生争议,当事人协商解决不成的,由县级以上人民政府海洋行政主管部门调解;当事人也可以直接向人民法院提起诉讼。

在海域使用权争议解决前,任何一方不得改变海域使用现状。

译文:Article 31 Where a dispute arises over the right to the use of a sea area and the parties fail to settle it through consultation, it shall be mediated by the department in charge of marine administration under the people's government at or above the county level. The parties may also directly take legal proceedings in a People's Court.

Prior to the settlement of dispute, none of the parties may change the status quo in respect of the use of the sea areas.

评析:人民法院=People's Court? 在美国也有 people's court,不过指的是小金额索赔法院。查阅《布莱克法律词典》,可知 people's court 的释义为 "(1) a court in which individuals can resolve small disputes, small-claims court under court (2) in Nazi Germany, a tribunal that dealt with political offenses such as treason"。可见 people's court 与我国的"人民法院"完全不是一个概念。中华人民共和国人民法院是国家的审判机关。中华人民

共和国设立最高人民法院、地方各级人民法院和军事法院等专门人民法院。最高人民法院是最高审判机关。最高人民法院监督地方各级人民法院和专门人民法院的审判工作,上级人民法院监督下级人民法院的审判工作。最高人民法院对全国人民代表大会和全国人民代表大会常务委员会负责。地方各级人民法院对产生它的国家权力机关负责。因此,为了准确地翻译"人民法院",我们可以直接将其译为较为中性的"court"。

第二节 《中华人民共和国海域使用管理法》英译问题评析

《中华人民共和国海域使用管理法》已由中华人民共和国第九届全国人民代表大会常务委员会第二十四次会议于2001年10月27日通过,自2002年1月1日起施行。以下英译版引自国家海洋局政策法规和规划司编《海洋法规选编》。

原文:第八条 任何单位和个人都有遵守海域使用管理法律、法规的义务,并有权对违反海域使用管理法律、法规的行为提出检举和控告。

译文: Article 8 All entities and individuals are obligated to abide by the laws and regulations on the administration of the use of the sea areas and have the right to report violations of such laws and regulations and bring complaints about them.

评析:"检举"的准确译法为 report to the authorities、report on the guilt of others、impeach、inform against(an offender)、 accuse,仅用"report"一词翻译是不够的。"控告"的准确译法是accuse、incriminate、make a legal claim against somebody。"bring complaints about"是"投诉"的意思,与原文概念相去甚远,缺乏法律英语的严谨性、准确性和专业性,无法表达"控告"的严肃意义。

原文:第十四条 海洋功能区划经批准后,应当向社会公布;但是,涉及国家秘密的部分除外。

译文: Article 14 A marine function zoning plan shall, upon approval, be made known to the public except for the parts relating to State secrets.

评析:语法错误,relating应改为过去分词related。

原文:第十四条 海洋功能区划经批准后,应当向社会公布;但是,涉及国家秘密的部分除外。

译文: Article 14 A marine function zoning plan shall, upon approval, be made known to the public except for the parts relating to State secrets.

原文:第十五条 养殖、盐业、交通、旅游等行业规划涉及海域使用的,应当符合海洋功能区划。

沿海土地利用总体规划、城市规划、港口规划涉及海域使用的,应当与海洋功能区划相衔接。

译文: Article 15 Plans for acquaculture, the salt industry, communications, tourism and other industries that involve the use of sea areas shall be made in conformity with the marine function zoning.

The overall plan for the utilization of coastal land, urban planning and port planning that involve the use of sea areas shall be dovetailed with the marine function zoning.

评析:结合第十四条的画线部分,海洋功能区划= marine function zoning plan 或者 marine function zoning? 且译法前后不一致。

原文:第三章 海域使用的申请与审批

第十六条 单位和个人可以向县级以上人民政府海洋行政主管部门申请使用海域。

申请使用海域的,申请人应当提交下列书面材料:

(一)海域使用申请书;

(二)海域使用论证材料;

(三)相关的资信证明材料;

(四)法律、法规规定的其他书面材料。

译文:Chapter III Application for, Examination and Approval of the Use of Sea Areas

Article 16 Any entity and individual may, for the use of sea areas, apply to the department in charge of marine administration under the people's government at or above the county level.

To apply for the use of sea areas, the applicant shall submit the following written materials:

(1) an application for the use of sea areas;

(2) feasibility assessment of the use of sea areas;

(3) relevant credit certifying papers; and

(4) other written materials <u>specified</u> by laws and regulations.

评析：论证材料－feasibility assessment？"feasibility assessment"回译过来是"可行性评估"，与"论证材料"概念相去甚远。我国海域使用论证工作起始于20世纪90年代初，2001年颁布的《海域使用管理法》正式确立了海域使用论证的法律地位。海域使用论证作为海域管理的重要技术支撑，其主要任务是对项目用海的必要性、可行性和合理性进行综合分析评估，为海域使用审批提供科学决策依据。由此可见，海域使用论证不仅包括可行性评估，还包括必要性和合理性评估，是一种综合分析评估，所以"海域使用论证材料"应当译为 comprehensive assessment documents of the use of sea areas。证明材料＝certifying papers？这里指的是官方出具的证明文件，应该译为 certifying documents。规定＝specify？法律"规定"是一种自上而下的强制性规定，具有法律强制力，应用 prescribe，而 specify 指的是"具体说明、明确规定、详述、详列"，如"The report did not <u>specify</u> the cost of a luxury home or what constituted an "ordinary wage."。该报告没有具体说明一座豪华住宅的成本或什么组成了一份"普通工资"。

原文：第二十条 海域使用权除依照本法第十九条规定的方式取得外，也可以通过招标或者拍卖的方式取得。招标或者拍卖方案由海洋行政主管部门制订，<u>报有审批权的人民政府批准后组织实施</u>。海洋行政主管部门制订招标或者拍卖方案，应当征求同级有关部门的意见。

招标或者拍卖工作完成后，依法向中标人或者买受人颁发海域使用权证书。中标人或者买受人自领取海域使用权证书之日起,取得海域使用权。

译文: Article 20 Apart from the manners in which to obtain the right to the use of sea areas in accordance with the provisions of Article 19 of this Law, such right may also be obtained through bidding or auction. The plan for bidding or auction shall be formulated by the department in charge of marine administration and submitted to the people's government invested with the examination and approval authority for approval before it is implemented. When formulating the plan for bidding or auction, the department in charge of marine administration shall solicit opinions from the departments concerned at the same level.

Once the bidding or auction is completed, the certificate of the right to the use of sea areas shall be issued to the winning bidder or the vendee. The winning bidder or the vendee shall, beginning from the date he receives the certificate, obtain the right to the use of the sea area.

评析:"报有审批权的人民政府批准"应该译为 submitted to the people's government invested with the examination and approval authority for approval。

原文:第二十四条 海域使用权人在使用海域期间,未经依法批准,不得从事<u>海洋基础测绘</u>。

海域使用权人发现所使用海域的自然资源和自然条件<u>发生重大变化</u>时,应当及时报告海洋行政主管部门。

译文: Article 24 During the period when they use the sea

areas, no owners of the right to use of sea areas may, without approval according to law, engage in <u>marine basic mapping</u>.

When owners of the right to the use of sea areas find that <u>a major change has occurred</u> in the natural resources and conditions of the areas they are using, they shall, without delay, report the matter to the departments in charge of marine administration.

评析: 海洋基础测绘=marine basic mapping? 多个形容词修饰同一名词时的顺序是固定的,其顺序为:①冠词、指示代词、不定代词、物主代词+②序数词+基数词+③一般性描绘形容词+④大小、长短、形状+⑤年龄、新旧+⑥颜色+⑦国籍、出处+⑧材料+⑨用途、类别+⑩最终修饰的名词或动名词。"marine"属于"用途、类别",而"basic"属于"层级、级别",应该和"序数词"或"基数词"同类,故应放在 marine 的前面。因此,正确的顺序应该是 basic marine mapping。

原文: 第二十七条 因企业合并、分立或者与他人合资、合作经营,变更海域使用权人的,需经原批准用海的人民政府批准。

海域使用权可以依法转让。海域使用权转让的具体办法,由国务院规定。

海域使用权可以依法继承。

译文: Article 27 Where the owner of the right to the use of a sea area is altered owing to mergence into or <u>separation from another enterprise</u> or because of running joint ventures or cooperative businesses with others, the matter shall be subject to approval by the people's government that originally gives approval to the use of sea area.

The right to the use of sea areas may be transferred in accordance with law. Specific measures in this regard shall be formulated by the State Council.

The right to the use of sea areas may be inherited in accordance with law.

评析：分立=separation from another enterprise？逻辑关系不清，这里指的是与其母企业的分立，应译为 separation from its mother enterprise。这是由于英汉语言差异造成的，汉语是意合语言，很多逻辑关系隐藏在文字之中，英语是形合语言，逻辑关系依靠语言形式明晰地表述出来。

原文：第二十九条　海域使用权期满，未申请续期或者申请续期未获批准的，海域使用权终止。

海域使用权终止后，原海域使用权人应当拆除可能造成海洋环境污染或者影响其他用海项目的用海设施和构筑物。

译文：Article 29 Where at the expiration of the period for the right to the use of sea areas, the owner fails to apply for its extension or the application for extension is not granted, such right shall be terminated.

After the termination of the right to the use of sea areas, the former owner of the right shall dismantle the facilities and structures that may cause pollution to the marine environment or impede the use of the areas for other projects.

评析：where引导的是条件状语从句，表示 in case of，如果将

where 直接和介词 at 连接,感觉比较别扭,不符合英语习惯;expiration 前面的介词一般用 upon,表示"一旦期满";expiration 本身就表示"过期",没有必要再用 period。因此这句话的翻译可以修改为"Where the owner fails to apply for its extension upon the expiration of the right to use the sea areas or the application for extension is not granted, such right shall be terminated."。使用权人=owner of the right? 使用权人指的是有权使用海域的人或单位,这种权力并非一种物质财产。owner 一般指拥有某种物质财产的人,即物主、所有权人、主人,如"The owner is making huge profits at the expense of downtrodden peasants."(物主靠压榨农民而赢得暴利)。因此准确的的译法为:holder of the right of use。影响= impede? impede 指"阻碍、妨碍"。"影响"的方式有很多种,因此此处应译为 affect,将各种消极影响都包括进去,才符合原文的意思。

原文:第三十条 因公共利益或者国家安全的需要,原批准用海的人民政府可以依法收回海域使用权。

依照前款规定在海域使用权期满前提前收回海域使用权的,对海域使用权人应当给予相应的补偿。

译文:Article 30 To meet the need of public interests or State security, the people's government that originally gives approval to the use of certain sea areas may, in accordance with law, revoke the right to the use of those areas.

评析:因公共利益或者国家安全的需要=to meet the need of public interests or State security?"因公共利益或者国家安全的需

要"应译为 for the sake of public interest or national security。

原文：第三十一条 因海域使用权发生争议，当事人协商解决不成的，由县级以上人民政府海洋行政主管部门调解；当事人也可以直接向人民法院提起诉讼。

在海域使用权争议解决前，任何一方不得改变海域使用现状。

译文：Article 31 Where a dispute arises over the right to the use of a sea area and the parties fail to settle it through consultation, it shall be mediated by the department in charge of marine administration under the people's government at or above the county level. The parties may also directly take legal proceedings in a People's Court.

Prior to the settlement of dispute, none of the parties may change the status quo in respect of the use of the sea areas.

评析：人民法院=People's Court？ 前面已经论述，此处不再赘述。

原文：第三十三条 国家实行海域有偿使用制度。

单位和个人使用海域，应当按照国务院的规定缴纳海域使用金。海域使用金应当按照国务院的规定上缴财政。

对渔民使用海域从事养殖活动收取海域使用金的具体实施步骤和办法，由国务院另行规定。

译文：Article 33 The State applies a system of compensation for the use of sea areas.

For the use of sea areas, all entities and individuals shall pay fees in accordance with the regulations of the State Council. The fees collected shall be turned over to the Treasury in accordance with the regulations of the State Council.

Specific <u>implementation ways and measures</u> for collecting fees from the fishermen who use the sea areas for aquaculture shall be formulated separately by the State Council.

评析：有偿使用 = compensation for the use of sea areas? compensation 是指"补偿"。"有偿"指的是需要支付一定的金额才能使用。"海域有偿使用制度"的准确译文为 a system of paid use of sea areas。

实施步骤和办法 = implementation ways and measures?"步骤"一般译为 step,"方法"译为 approach 或 way。

原文：第三十四条 根据不同的用海性质或者情形,海域使用金<u>可以按照规定</u>一次缴纳或者按年度逐年缴纳。

译文：Article 34 In light of the different nature and circumstances in which the sea areas are used, <u>the fees may in accordance with regulations</u>, be paid in a lump sum or on an annual basis.

评析：语法错误,少了一个逗号,应为"the fees may, in accordance with regulations"。

原文：第三十八条 海洋行政主管部门<u>应当加强队伍建设</u>,提高海域使用管理监督检查人员的<u>政治、业务素质</u>。海域使用管理监督检查人员必须秉公执法,忠于职守,<u>清正廉洁</u>,<u>文明服务</u>,并依法接受监督。

海洋行政主管部门及其工作人员不得参与和从事与海域使

用有关的生产经营活动。

译文：Article 38 The department in charge of marine administration shall build <u>a stronger contingent</u> by raising <u>the political and professional level</u> of the supervisors and inspectors in the administration of the use of sea areas. The said supervisors and inspectors shall enforce laws impartially, be devoted to their duties, <u>honest and upright</u>, <u>provide services with civility</u> and subject themselves to supervision in accordance with law.

No department in charge of marine administration or its staff members may participate or engage in production and operation activities related to the use of sea areas.

评析：加强队伍建设 = build a stronger contingent?

政治、业务素质 = the political and professional level?

清正廉洁 = honest and upright?

文明服务 = provide service with civility?

这些英文翻译都能被中文语境中的读者所理解，但能否被英语世界的读者所理解呢？恐怕很难。"加强队伍建设"，我们可以译成 strengthen the administration team；"政治、业务素质"译成 the political awareness and professional expertise；"清正廉洁"译成 clean，honest and upright；"文明服务"译成 serve civilly。

第三节 《中华人民共和国港口法》英译问题评析

《中华人民共和国港口法》是调整中国港口行政管理关系、加强政府对港口实施宏观管理的重要法规,于 2003 年 6 月 28 日由第十届全国人大常委会通过,2004 年 1 月 1 日起施行。其核心内容是:确立了中国港口由地方政府直接管理并实行政企分开的行政管理体制;确立了政府通过对港口规划、岸线管理、合理布局,保证港口资源得到合理利用的制度;确立了多元化投资主体和经营主体建设和经营港口的制度;确立了港口业务经营人准入制度和公开公平的竞争制度;确立了港口的保护和安全制度。以下英译版分别选自人大网和国家海洋局政策法规和规划司编《海洋法规选编》。

原文:第三条 本法所称港口,是指<u>具有</u>船舶进出、停泊、靠泊,旅客上下,货物装卸、驳运、储存<u>等</u><u>功能</u>,具有<u>相应</u>的码头设施,由一定范围的水域和陆域组成的区域。

译文1:Article 3 Port <u>mentioned in the present Law</u> means <u>an area</u> composed of a certain scope of water area and land area, <u>which has the functions</u> for vessels to enter and exit, to berth, to anchor, for passengers to embark and disembark, and for goods to be loaded and unloaded, lightered, stored, etc., and <u>which</u> has the corresponding <u>wharf</u> facilities.(人大网)

译文2:Article 3 As <u>used in this Law</u>, the term "port" means <u>a region</u> comprising certain water and land area, having the functions for vessels to enter, leave, lie at anchor and moor, for passengers to embark and disembark, and for goods to be loaded, unloaded, lightered and stored, and being equipped with the necessary <u>dock</u> facilities. (《海洋法规选编》)

评析：应为"Which has the corresponding wharf facilities and the functions for..."。英文中用两个which累赘了，而且句子因果关系不明晰，"具有相应的码头设施"是"具有船舶进出、停泊、靠泊，旅客上下，货物装卸、驳运、储存等功能"的前提条件，在翻译成英文时应该将因果关系明晰化。

原文：第五条 国家鼓励国内外经济组织和个人依法投资建设、经营港口，保护投资者的<u>合法权益</u>。

译文1：Article 5 The State encourages domestic and foreign economic organizations and individuals to lawfully invest to construct and operate ports, and protects <u>the lawful rights and interests</u> of the investors. (人大网)

译文2：Article 5 The State encourages economic organizations and individuals at home and abroad to invest in port construction and operation in accordance with law, and protects <u>the legitimate rights and interests</u> of the investors. (《海洋法规选编》)

评析："合法权益"的最规范译文为legitimate rights and interests，前面已经论述，此处不再赘述。译文1没有译文2规范。

原文：第十一条 地理位置重要、<u>吞吐量</u>较大、对经济发展影响较广的主要港口的<u>总体规划</u>，由国务院交通主管部门征求国务院有关部门和有关军事机关的意见后，会同有关省、自治区、直辖市人民政府批准,并公布实施。主要港口名录由国务院交通主管部门征求国务院有关部门意见后确定并公布。

译文1: Article 11 The <u>overall planning</u> of a major port of important location, with large <u>handling capacity</u>, and of wide influence to economic development shall be approved and promulgated for implementation by the administrative department of communications under the State Council jointly with the people's government of the relevant province, autonomous region or municipality directly under the Central Government after it has sought opinions from the relevant department under the State Council and the relevant <u>military organ</u>. The directory of the major ports shall be determined and promulgated by the administrative department of communications under the State Council after it has sought opinions from the relevant department under the State Council. (人大网)

译文2: Article 11 With respect to <u>the general plan</u> of a major port with an important geographical position, a relatively great handling capacity and a fairly wide-spread effect on the economic development, the competent department of communications under the State Council shall consult with the relevant department under the State Council and the <u>military authorities concerned</u>, before it gives approval to the plan in conjunction with the people's government of the relevant province, autonomous region, or municipality directly under the Central Government and promulgates it for implementation. The list of major ports shall be decided on and promulgated after the competent department of communications under the State Council consults with the relevant departments under the State Council. (《海洋法规选编》)

评析:对于"总体规划",译文1用的是"overall planning",译文2用的是"general plan"。

原文:省、自治区、直辖市人民政府<u>征求</u>国务院交通主管部门的<u>意见</u>后确定本地区的重要港口。重要港口的总体规划由省、自治区、直辖市人民政府<u>征求</u>国务院交通主管部门意见后<u>批准</u>,公布实施。

译文1: The people's government of the province, autonomous region or municipality directly under the Central Government shall, after <u>seeking opinions from</u> the administrative department of communications under the State Council, <u>determine</u> the overall planning of the important ports in the region. The overall planning of an important port shall <u>be approved</u> and promulgated for implementation by the people's government of the province, autonomous region or municipality directly under the Central Government after it <u>has sought opinions from</u> the administrative department of communications under the State Council. (人大网)

译文2: The people's government of a province, autonomous region, or municipality directly under the Central Government shall <u>decide on</u> the major ports located there after <u>consulting with</u> the competent department of communications under the State

Council. The general plans of the major ports shall <u>be subject to approval</u> and be promulgated for implementation by the people's government of the province, autonomous region, or municipality directly under the Central Government after <u>consulting with</u> the competent department of communications under the State Council. (《海洋法规选编》)

评析:比较两个译本我们发现:对于"征求……意见",译文 1 用的是"seek opinion from",译文 2 用的是"consult with";对于"批准",译文 1 用的是"be approved",译文 2 用的是"subject to approval"。很明显,译文 2 的用词更具有法律英语的专业性和严肃性,翻译质量明显高于译文 1。

原文:港口行政管理部门实施港口经营许可,应当遵循<u>公开</u>、<u>公正</u>、<u>公平</u>的原则。

译文: The administrative department of port shall, when granting the permit for business operation of port, comply with the principles of <u>publicity</u>, impartiality and fairness.

评析:查阅《布莱克法律词典》,publicity 的解释是:(1) public attention, notoriety;(2) One or more efforts made to get public attention, public promotion。因此,publicity 指的是"宣传",而不是"公开"。"公开"的正确译法为 openness,如,"What's important is a transparency and openness, not only with the WHO, but also with the public."。

参考文献

杜金榜,张福,袁亮,2004.中国法律法规英译的问题和解决[J].
中国翻译(3):72-76.

谢天振,等,2009.中西翻译简史[M].北京:外语教学与研究出
版社.

第八章

中国海洋法律文本英译中的系统性原则

第一节　中国海洋法律的系统性

系统观是人观察世界的一种辩证综合性视角。在系统观中世界上大大小小的事物都是系统,每种系统都是由若干成分(要素或更小的系统)按特定的非线性关系(结构)构成的辩证有机整体,受特定的环境制约并在环境中执行特定的功能,在时间上体现为一种不断的运作和演化过程。(魏宏森,曾国屏,1995)

伊塔马·埃文-佐哈(Itamar Even-Zohar)提出的多元系统理论(Polysystem Theory)对法律翻译也有借鉴意义。多元系统理论诞生于20世纪70年代,主要是一种文化理论,其中很多概念和思想来自俄国形式主义,如系统、动态、结构等。佐哈将符号系统视作多元的、动态的。"它通常并非单一的系统,而必定是多元系统,也就是由若干个不同的子系统组成的系统。这些子系统互相交叉,部分重叠,子系统之间在相同时间内各有不同的项目可供选择,子系统之间互相依存,并作为一个有组织的整体而运行。"(伊塔

马·埃文-佐哈,2002）

巩特尔·托伊布纳（Gunther Teubner）提出了系统论,认为法律是一个系统,而不同语言表达的法律须基于系统间的共识来互译,所谓"共识"即发现并解决差异之后的结果（Nobles & Schiff,2013）。

中国海洋法体系也是一个系统。中国海洋法中关于领海主权的法律文本是中国海洋法的基石,其他关于海洋环境保护、海域使用、海岛保护、海上交通安全、渔业、矿产资源开发和保护、测绘、港口管理等的法律是我国对海洋的行政管理和法律管辖依据,可以称为涉海法治。我们在翻译中国海洋法律文本时应将所有中国海洋法律文本英译本看作一个有机系统。系统内部应该统一、逻辑严密;系统内部与系统外部互相联系,相互映衬。国际海洋法是一个大系统,中国海洋法系统自成体系,同时与国际海洋法系统联系。

从生态翻译学视角来看,我们可以将中国海洋法看作一个生态系统,中国海洋法律文本英译是中国海洋法系统与国际海洋法系统联系、沟通的一个纽带和桥梁。

第二节　中国海洋法律文本英译中的系统性原则

笔者认为,我国的海洋法律文本的英译应该形成一个有机的整体,互相支撑,互相补充,互相说明,从而形成一个保护我国海洋权益的有机系统法治网络。如果从系统论的角度将我国海洋法律文本作为一个系统来看,就会发现各文本英译不成系统,比较混乱,如法律名称的英文翻译不统一、同一法律用词译文不统一等。系统性思维要求将中国海洋法律文本作为一个有机的系统,术语的翻译应该统一起来,如"法""制定""施行",这些都是核心法律术语。然而海洋法律文本各名称的英文翻译五花八门,结构不统一:

Law of the People's Republic of China on the Territorial Sea and the Contiguous Zone (《中华人民共和国领海及毗连区法》)

Law on the Exclusive Economic Zone and the Continental Shelf of The People's Republic of China (《中华人民共和国专属经济区和大陆架法》)

Marine Environment Protection Law of the People's Republic of China(《中华人民共和国海洋环境保护法》)

Law of the People's Republic of China on the Administration of the Use of Sea Areas (《中华人民共和国海域使用管理法》)

Fisheries Law of the People's Republic of China (《中华人民共和国渔业法》)

Mineral Resources Law of the People's Republic of China (《中华人民共和国矿物资源法》)

Surveying and Mapping Law of the People's Republic of China (《中华人民共和国测量与地图法》)

Law of the People's Republic of China on Evaluation of Environmental Effects (《中华人民共和国环境影响评价法》)

Port Law of the People's Republic of China (《中华人民共和国港口法》)

The Renewable Energy <u>Law</u> of the People's Republic of China (《中华人民共和国再生资源法》)

<u>Law</u> of the People's Republic of China <u>on</u> the Protection of Offshore Islands (《中华人民共和国海岛保护法》)

Maritime Traffic Safety <u>Law</u> of the People's Republic of China (《中华人民共和国海上安全交通法》)

<u>Law</u> of the People's Republic of China <u>on</u> the Protection of Wildlife (《中华人民共和国野生动物保护法》)

"制定"在各法律中译文不一致,规范的与不规范的用法并存:

This Law <u>is enacted</u> for the purpose of the People's Republic of China to exercise its sovereignty over... (《中华人民共和国领海及毗连区法》)

This Law <u>is enacted to</u> ensure that the People's Republic of China exercise its sovereignty rights and jurisdiction over its exclusive economic zone and its continental shelf and to safeguard its national maritime rights and interests. (《中华人民共和国专属经济区和大陆架法》)

This Law <u>is enacted to</u> protect and improve the marine environment, conserve marine resoursces, prevent pollution damages, maintain ecological balance, safeguard human health and promote sustainable economic and social development. (《中华人民共和国海洋环境保护法》)

This Law <u>is enacted</u> for the purpose of strengthening the administration of the use of sea areas, safeguarding State ownership of the sea areas and the legitimate rights and interests of the sea area users, promoting rational development and sustainable utilization of the sea areas. (《中华人民共和国海域使用管理法》)

This law <u>enacted</u> for the purpose of enhancing the protection. (《中华人民共和国渔业法》)

This law <u>is enacted</u> in accordance with the Constitution of the People's Republic of China. (《中华人民共和国矿物资源法》)

This Law <u>is enacted to</u> strengthen the administration of the surveying and mapping undertaking, promote its development and ensure that it renders service to development of the national economy, the building up of national defence, and progress of the society. (《中华人民共和国测绘法》)

This Law <u>is enacted</u> in order to... (《中华人民共和国环境影响评价法》)

This Law <u>is enacted</u> with a view to strengthening port administration, maintaining port safety and operational order, protecting the legitimate rights and interests of the parties and promoting the construction and development of ports. (《中华人民共和国港口法》)

This Law <u>is enacted to</u> promote the development and utilization of renewable energy. (《中华人民共和国再生资源法》)

This law <u>is formulated</u> for the purposes of protecting the ecosystem of offshore islands and their surrounding waters, rationally developing and utilizing the natural resources of offshore islands, safeguarding national maritime rights and interests as well as promoting sustainable economic and social development. (《中华人民共和国海岛保护法》)

This law is formulated in order to strengthen the control of maritime traffic. (《中华人民共和国海上安全交通法》)

This law is formulated for the purpose of protecting and saving the species of wildlife. (《中华人民共和国野生动物保护法》)

"施行"作为法律实施的一个重要关键词,本应具有稳定一致的译文,然而同在中国海洋法律体系内部,各个部门法的译文却五花八门:

原文:第八十四条　本法自2021年2月1日起施行。(《中华人民共和国海警法》)

译文: Article 84 This law shall come into force on February 1, 2021.

原文:第十七条　本法自公布之日起施行。(《中华人民共和国领海及毗连区法》)

译文: Article 17 This Law shall come into force on the date for promulgation.

原文:第四十二条　本法自1989年3月1日起施行。(《中华人民共和国野生动物保护法》)

译文: Article 42 This Law shall come into force as of March 1, 1989.

原文:第三十五条　本法自1986年7月1日起施行。(《中华人

民共和国渔业法》)

译文: Article 35 This Law shall <u>come into force</u> as of July 1, 1986.

原文:第二百七十八条　本法自 1993 年 7 月 1 日起施行。(《中华人民共和国海商法》)

译文: Article 278 This Code shall <u>come into force</u> as of July 1, 1993.

原文:第五十三条　本法自一九八四年一月一日起施行。(《中华人民共和国海上交通安全法》)

译文: Article 53 This Law shall <u>go into effect</u> on January 1, 1984.

原文:第三十四条　本法自 1993 年 7 月 1 日起施行。(《中华人民共和国测绘法》)

译文: Article 34 This Law shall <u>go into effect</u> as of July 1, 1993.

原文:第十六条　本法自公布之日起施行。(《中华人民共和国专属经济区和大陆架法》)

译文: Article 16 This Law shall <u>go into effect</u> as of the date of promulgation.

原文:第六十二条　本法自 2004 年 1 月 1 日起施行。(《中华人民共和国港口法》)

译文: Article 62 The present Law shall <u>come into force</u> on January 1, 2004.

我们可以看出,"施行"的译文有 go into effect 和 come into

force 两种,虽然两种表述都可以,但在海洋法律体系内部最好还是统一起来,否则给人一种比较随意的感觉,有损法律的严谨性。

中国海洋法律文本英译的不系统问题之所以产生,部分由于中国海洋法律的制定是随着中国海洋事业不断发展而不断完善的,各部法律颁布的时间都不一样,随着国际国内经济社会形势的变化,为应对涉及海洋的诸多问题和挑战而出台。中国海洋法律文本英译中的混乱和不系统问题也从另一个方面说明,颁布一部系统的中国海洋法势在必行、迫在眉睫。中国海洋法作为一部整体法的出台指日可待,这也将为中国海洋法律文本的英译系统化提供一个崭新的平台。

第三节 《中华人民共和国可再生能源法》英译问题评析

《中华人民共和国可再生能源法》是为了促进可再生能源的开发利用,增加能源供应,改善能源结构,保障能源安全,保护环境,实现经济社会的可持续发展而制定的,由中华人民共和国第十届全国人民代表大会常务委员会第十四次会议于 2005 年 2 月 28 日通过,自 2006 年 1 月 1 日起施行。以下英译引自《海洋法规选编》。

原文:第十五条 国家扶持在电网未覆盖的地区建设可再生能源独立电力系统,为当地生产和生活提供电力服务。

译文:Article 15 The State supports construction of independent system of power generated with renewable energy in areas not covered by power grids, so that power services shall be provided for local production and <u>people's daily needs</u>.

<u>评析</u>:"当地生产和生活"应译为 local production and local people's livelihood。

<u>原文</u>:国家鼓励生产和利用生物液体燃料。石油销售企业应当<u>按照</u>国务院能源主管部门或者省级人民政府的<u>规定</u>,将符合国家标准的生物液体燃料纳入其燃料销售体系。

<u>译文</u>: The State encourages production and utilization of biological liquid fuel. Petroleum sales enterprises shall, <u>in compliance with</u> the regulations of energy administration department under the State Council or people's governments at the provincial level, include biological liquid fuel that conforms to State standards in their fuel-selling system.

<u>评析</u>:"按照……规定"应该使用 in accordance with。

<u>原文</u>:县级以上地方人民政府管理能源工作的部门会同有关部门,<u>根据</u>当地经济社会发展、生态保护和卫生综合治理需要等<u>实际情况</u>,制定农村地区可再生能源发展规划,因地制宜地推广应用沼气等生物质资源转化、户用太阳能、小型风能、小型水能等技术。

<u>译文</u>: The energy administration departments of local people's governments at or above the county level shall, <u>in light of</u> local economic and social development, the need for comprehensive improvement of ecological protection and public health and other <u>actual conditions</u>, work with the relevant departments to draw up

plans for development of renewable energy in rural areas, in order to promote the wide use of the technologies for conversion of biomass energy like marsh gas, for household solar energy, small-scale wind energy and small-scale hydraulic energy.

评析：in light of 后面可以接 conditions，指"按照某种情况"，但不可以接 development、need，此处用 according to 更好些。

原文：(一)不依法作出行政许可决定的；

译文：(1) failure to make decisions on granting administrative license according to law;

评析："依法"应译为 in accordance with law。according to 的应用面很广，表示"大致地按照"，没有 in accordance with 严谨，法律英语中一般用 in accordance with law 表示"依法"。

原文：(二)发现违法行为不予查处的；

译文：(2) failure to investigate illegal activities discovered;

评析："查处"应译为 investigate and punish。此处的译文中只有"查"没有"处"。

第四节 《中华人民共和国环境影响评价法》英译问题评析

《中华人民共和国环境影响评价法》是为了实施可持续发展战略，预防因规划和建设项目实施后对环境造成不良影响，促进经济、社会和环境的协调发展而制定的法律，由第九届全国人民代表大会常务委员会第三十次会议于2002年10月28日修订通过,自 2003 年 9 月 1 日起施行。现行版本为 2018 年 12 月 29 日第十三届全国人民代表大会常务委员会第七次会议第二次修正。以下英译本引自《海洋法规选编》。

原文:第三条　编制本法第九条所规定的范围内的规划,在中华人民共和国领域和中华人民共和国管辖的<u>其他海域内</u>建设对环境有影响的项目,应当依照本法进行环境影响评价。

译文: Article 3 When plans within the scope specified in Article 9 of this Law are formulated, the environmental effects produced by the projects to be constructed within the territory of the People's Republic of China or <u>within the sea areas</u> under the jurisdiction of the People's Republic of China shall be evaluated in accordance with this Law.

评析:"其他海域内"应译为 within other sea areas。

原文:第三十二条　建设项目依法应当进行环境影响评价而未评价,或者环境影响评价文件未<u>经依法</u>批准,审批部门擅自批准该项目建设的,对<u>直接</u>负责的主管人员和其他直接责任人员,由上级机关或者监察机关依法<u>给予</u>行政<u>处分</u>;构成犯罪的,依法<u>追究</u>刑事责任。

译文: Article 32 Where the examination and approval department approves construction of a project, the environmental effects of which are not evaluated as required by law, or the document for evaluation of the environmental effects of which is not approved <u>according to law</u>, the persons directly in charge and the other persons directly responsible shall, <u>according to law</u>, be given administrative <u>sanctions</u> by the authority at a higher level or by the supervisory authority; and if a crime is constituted, <u>criminal responsibility</u> shall be <u>investigated</u> according to law.

评析:"依法"译为 according to law 不够严谨,应译为 in accordance with the law。"追究"包括"调查和处理",仅用 investigate 是不够完整的,应译为 investigate and affix the liabilities of someone。

原文:第三十五条 环境保护行政主管部门或者其他部门的工作人员徇私舞弊,滥用职权,玩忽职守,违法批准建设项目环境影响评价文件的,依法给予行政处分;构成犯罪的,依法追究<u>刑事责任</u>。

译文: Article 35 Where staff members of the competent administrative department for environment protection and other departments, engaging in malpractices for personal gains, abusing their powers, or neglecting their duties, approve the documents for evaluation of the environmental effects of construction projects in violation of law, they shall, according to law, be given administrative sanctions; and if a crime is constituted, <u>criminal responsibility</u> shall be investigated according to law.

评析:"法律责任"指的是违反法律规定应当受到的法律处分,法律用词为 liability,而不是 responsibility, responsibility 指的是:"the state of being the person who caused something to happen; a duty or task that you are required or expected to do; something that you should do because it is morally right, legally required, etc."。如:

In her new position, she will have much more *responsibility.*

We have a *responsibility* to protect the environment.

The government's *responsibility* is to serve the public.

The principal has *responsibility* for 450 students and a staff of 35.

"刑事责任"的法律对应词为 criminal liability。

参考文献

NOBLES R, SCHIFF D, 2013. Observing law through systems theory[M]. London：Hart Publishing.

魏宏森,曾国屏,1995. 系统论:系统科学哲学[M]. 北京:清华大学出版社.

伊塔马·埃文-佐哈,2002. 多元系统论[J]. 张南峰,译.中国翻译(4):20.

第九章

中国海洋法律文本英译中的忠实性原则

第一节　中国海洋法律文本英译中的忠实性原则

忠实,是翻译的首要原则,然而法律翻译的忠实原则要求比一般翻译的忠实原则更要严谨和精准。

中国传统译论历来强调忠实。支谦的"因循本质,不加文饰"、道安的"五失本""三不易"、鸠摩罗什的"文"派意译、慧远的"文质厥中"、彦琮的"八备"说、玄奘的"五不翻"、马建中的"善译"、严复的"信达雅"、傅雷的"传神"、钱锺书的"化境"等的中国传统翻译理论被罗新璋归纳为"案本""求信""神似""化境"八个字,深得中国传统译论的真味。"案本""求信"归纳了我国佛经典籍翻译和近现代政治科技思想经典翻译长期实践得出的翻译思想,即"原文至上""追求忠实"。"神似""化境"则强调了翻译从表层忠实向深层忠实发展,从形式忠实向思想忠实转变,从文本表面的相似到追求译文与原文接受效果的一致,从注重原文的忠实到注重效果的忠实。在法律翻译领域,中国传统翻译理论中忠实的理论依然常读常新,焕发出新的生命力。中国传统译论尤其是其中的忠实原则对法律翻译的借鉴意义有待进一步深入研究。

彼得·纽马克(Peter Newmark)是语言学翻译研究的代表之一。纽马克的翻译理论属于能够指导翻译实践的应用性理论,对法律翻译有借鉴意义。纽马克(2001)认为,在具体的翻译中,很多情况下并不要求译出所有意义,因为原文意义轻重有别,翻译过来也会缓急有序。根据具体文本要求、译者目的,甚至译本发起者的期待,译者可以选择优先翻译哪种意义(谢天振等,2009)。法律文本的意义由其文本类型确定,法律文本是一种信息型、规约型文本,通过文本实现对社会的管理和治理,因此意义主要是施为意义和行为意义,必须明晰清楚,不能像文学文本那样有联想意义、暗含意义、推理意义和预测意义。法律翻译的忠实原则不同于文学翻译的忠实原则,法律翻译的忠实必须是精准的忠实,而不是文学翻译中的各种意义综合传达的宏观上的忠实,需要既精通法律又深谙外语的专业翻译人才才能牢牢把握好这一标准,且翻译时必须有清晰的读者对象,即法律专业人士。

英国语言学家利奇(1987)提出了七种意义类型,即:

概念/外延意义,是对客观世界的概括和反映,也叫逻辑意义(logical meaning)、认知意义(cognitive meaning)。利奇认为,概念意义是言语交际中所表达的最基本的意义,是一个词的核心意义。

内涵意义,是附加在概念意义上的意义。利奇认为,与概念意义相比,内涵意义具有不稳定的特点,会随着文化、时代、社会和个人经历的变化而变化。

社会意义,或称风格意义,跟语言使用的社会环境有关,如方言、时间、语域、正式程度等能折射出说话者(或作者)的社会地位、生活环境及说话的场合等。

情感意义,是指需要依赖于概念意义、文体意义或其他意义来表达说话者的感情与态度的意义。它具有依附性,不能独立起作用。情感意义的表达往往借助于话语的语气或语调。

反映意义,是指通过对同一个词语的另一意义的联想来传递的意义,也叫联想意义。例如,当一个词的某一意义被使用时,它的另一层意义也可能被映射出来。每一种文化中都有的禁忌语(taboo)和委婉语(euphemism),往往都和意义的映射有关。

搭配意义,是指一个词经常与另一个词同时出现,二者之间的这种关系便构成搭配意义。

主题意义,是说话者借助组织信息的方式,如语序、强调手段、信息焦点的安排等,来传递的一种意义。

所谓忠实,即最大化地传达了原文的这些意义。屈文生(2022)指出,我国立法文本的英译应该是以原文为中心(即以"我"为主)的翻译行为。立法文本的翻译不能以译文为中心,即使是以法律移植为目的的立法文本的翻译,即那种专门为了满足完善译入国立法需求的翻译行为,也不例外。立法文本的翻译须高度忠实于原文本,无论是译入语文本中的字、词(含实词和虚词)、短语、句子、段落还是篇章,均须在内容和形式方面全面忠实于原文。

法律法规英译的忠实性原则则可以从两个角度考虑:一是有关法律内容的翻译忠实,二是有关翻译所用语言的风格忠实。有关原文法律内容的准则可以分为三个方面:(1)符合原文精神;(2)译文符合法律目标;(3)译文完整体现原文。有关翻译所用语言的准则包括:(1)词语(包括术语)使用规范;(2)语句符合法律英语习惯;(3)语篇符合法律内容;(4)概念表达准确;(5)译文风格合适。这些仅为概括的参照准则,还可进行更细的划分,如语句层次可分为:(1)常用句式结构;(2)语气;(3)语态;(4)强调句;(5)限定语;等等。概念表达层次,如相似法律概念的表达、相异法律概念的表达、陌生概念的表达、新概念的表达等。

目前针对性较强的是国务院法制办译审处提出的法律法规翻译标准,如:(1)准确,符合立法原意;(2)专业(行业)术语正确规范;(3)遣词造句符合英文(尤其是法律英语)的表达方式;(4)与国际条约和国际惯例中的表达要衔接一致。

第二节 《中华人民共和国测绘法》英译问题评析

《中华人民共和国测绘法》是为了加强测绘管理,促进测绘事业发展,保障测绘事业为经济建设、国防建设、社会发展和生态保护服务,维护国家地理信息安全而制定的法律,于2002年8月29日由第九届全国人民代表大会常务委员会第二十九次会议修订通过,2002年8月29日由中华人民共和国主席令第七十五号公布,2002年8月29日由第九届全国人民代表大会常务委员会第二十九次会议第一次修订,2017年4月27日由第十二届全国人民代表大会常务委员会第二十七次会议第二次修订。以下英译引自《海洋法规选编》。

原文:第一条 为了保障测绘事业的顺利发展,促进测绘事业为国家经济建设、国防建设和科学研究服务,<u>制定</u>本法。

译文: Article 1 This Law <u>is formulated to</u> ensure the smooth development of the undertaking of surveying and mapping and promote the service thereof to the national economic construction, the building up of the national defence, and scientific research.

评析:原文中的"制定"是指法律的制定,应该用 enact。关于 formulate 和 enact 两个单词的差别,第三章已有详述,此处不再赘述。

原文:<u>军队</u>测绘主管部门负责管理军事部门的测绘工作,并按照国务院、中央军事委员会规定的职责分工负责管理海洋基础测绘工作。

译文: The competent department of surveying and mapping in <u>the armed forces</u> shall be responsible for the management of surveying and mapping work of military departments, and shall, in line with the functions and responsibilities assigned to it by the State Council and the Central Military Commission, be responsible for the management of basic marine surveying and charting work.

评析:将"军队"直接翻译为 the armed forces 是不准确的,the armed forces 指的是武装部队,"军队"中还包括文职和技术人员,正确的译文为 the military。

原文:省、自治区、直辖市人民政府管理测绘工作的部门根据需要,可以编制本行政区域内局部地区的基础测绘和其他重大测绘项目规划,报国务院测绘行政主管部门备案后,<u>组织实施</u>。

译文: The department of surveying and mapping administration of the people's government of a province, an autonomous region or a municipality directly under the Central Government may, if necessary, work out plans for basic surveying and mapping in local areas and for other major surveying and mapping projects within its demonstrative region, and <u>take charge of their implementation</u> after submitting them to the competent department of surveying and mapping administration under the State Council for the record.

评析:组织实施 = take charge of their implementation？后者的意思为"负责实施""主管实施","组织实施"可以译为 carry out the implementation。

第三节 《中华人民共和国海商法》英译问题评析

《中华人民共和国海商法》是由中华人民共和国第七届全国人民代表大会常务委员会第二十八次会议于 1992 年 11 月 7 日通过,自 1993 年 7 月 1 日起施行。以下英译引自人大网。

原文:《中华人民共和国海商法》

译文:Maritime Code of the People's Republic of China

评析:code 指的是法典,"海商法"应译为 Maritime Law。

原文:第三条 本法所称船舶,是指海船和其他海上移动式装置,但是用于军事的、政府公务的船舶和 20 总吨以下的小型船艇除外。

译文: Article 3 "Ship" as referred to in this Code means sea-going ships and other mobile units, but does not include ships or craft to be used for military or public service purposes, nor small ships of less than 20 tons gross tonnage.

评析: "移动式装置"的准确译文为 mobile devices。

原文: 非经国务院交通主管部门批准,外国籍船舶<u>不得</u>经营中华人民共和国港口之间的海上运输和拖航。

译文: <u>No</u> foreign ships <u>may</u> engage in the maritime transport or towage services between the ports of the People's Republic of China unless permitted by the competent authorities of transport and communications under the State Council.

评析: "不得"表示法律的"禁止",一般译为 shall not,译文中的"No foreign ships may"使用的语气不够强烈,没有对等性规范功能。

原文: 第七十七条 除依照本法第七十五条的规定作出保留外,承运人或者代其签发提单的人签发的提单,是承运人已经按照提单所载状况收到货物或者货物已经装船的<u>初步证据</u>;承运人向善意受让提单的包括收货人在内的第三人提出的与提单所载状况不同的证据,不予承认。

译文: Article 77 Except for the note made in accordance with the provisions of Article 75 of this Code, the bill of lading issued by the carrier or the other person acting on his behalf is <u>prima facie evidence</u> of the taking over or loading by the carrier of the goods as described therein. Proof to the contrary by the carrier shall not be admissible if the bill of lading has been transferred to a third party, including a consignee, who has acted in good faith in reliance on the description of the goods contained therein.

评析:"简明英语运动"要求少用拉丁语或古英语词汇,以便民众能理解法律语言。"初步证据"可直接译为 primary evidence,效果更好。

原文:第七节　航次租船合同的特别规定

第九十二条　航次租船合同,是指船舶出租人向承租人提供船舶或者船舶的部分舱位,装运约定的货物,从一港运至另一港,由承租人支付约定运费的合同。

译文: Section 7 Special Provisions Regarding Voyage Charter Party

Article 92 A voyage charter party is a charter party under which the shipowner charters out and the charterer charters in the whole or part of the ship's space for the carriage by sea of the intended goods from one port to another and the charterer pays the agreed amount of freight.

评析:"航次租船合同"的正确译文为 voyage charter contract。party 在法律英语中表示"参与方"。

参考文献

彼得·纽马克,2001. 翻译问题探讨[M].上海:上海外语教育出版社.

杰弗里·利奇,1987.语义学[M].上海:上海外语教育出版社.

屈文生,2022.中国立法文本对外翻译的原则体系:以民法英译实践为中心[J].中国外语(1):10-20.

谢天振,等,2009.中西翻译简史[M].北京:外语教学与研究出版社.

第十章

中国海洋法律文本英译中的规范性原则

第一节　法律翻译中的规范性原则

翻译规范研究也是翻译研究的重要内容。翻译研究学派创始人詹姆斯·S.霍姆斯(James S. Holmes)的翻译研究框架曾把翻译研究分为纯研究和应用研究两大方面,纯研究又分为理论翻译研究和描写研究。但历来的翻译研究一般都集中在理论翻译研究或应用翻译研究领域,忽视了描写研究。基迪恩·图里指出了这种不足并展开了描写翻译研究。图里认为描写翻译研究的目的就是要对实际发生的翻译现象进行描写,并通过对具体翻译个案的描写和分析,归纳出对翻译实践具有示范或启示作用的理论原则来。构建描写翻译研究理论的基础,是大量的具体个案研究,而每个具体个案又都必须置于更高层次的语境中,即充分考虑它们的语境因素如文本和翻译行为模式、文化背景等,这样才能研究出更具有普遍意义的成果来。

图里的描写翻译研究理论中最引人注目的是他的翻译规范

研究。他提出了一个描写翻译行为的三分模式。在这个模式中，"规范"（norm）位于"能力"（competence）与"运用"（performance）之间，从另一个角度来说，位于规则与译者风格之间。所谓"规范"，就是在特定文化或文本系统中，被优化而且反复采用的翻译策略。图里认为，在翻译过程的每一个节点以及翻译产品的各个层面，有关规范都在起作用。翻译的规范分为预先规范（preliminary norms）和操作规范（operational norms）：前者指译者对于翻译政策、翻译本质等问题必须做出的考虑；后者指支配译者在翻译过程中进行抉择的因素，如文本中语言材料的分布模式即结构规范（matricial norms）、文本的表述方式即文本规范（textual norms）等。译者可能遵循源语规范，强调进行"充分翻译"（adequate translation），也可能倾向于遵循目标语规范，侧重于目标文本的可接受性（acceptability）。在现实翻译中，译者的决定实际上常常是这两个极端的混合或妥协。（谭载喜，2004）我们认为，法律翻译中应该是在内容上必须严格遵守源语规范，只有这样才能准确忠实地传达原文的立法意图，而在语言形式上必须严格遵守目标语即译入语的规范，如法律文本译成英语要遵守法律英语的语言规范，否则很难被译入语法律工作者所理解和接受。

法律是一种规范型文本，具有规约功能。相应地，法律翻译对语言的规范化具有较高要求。在法律翻译的众多原则中，规范性原则是法律翻译的一项非常重要的原则，因为法律语言十分严谨，对规范性要求很高，法律翻译只有做到规范化，才能体现出原语法律文本的庄严、权威与严谨，否则法律翻译的忠实无从谈起。尽量遵从法律英语的表达规范，法律语言是法律的载体。为了明确地传达意义,从而使原法律文本产生一定的效果,如得到理解、认同,得到合乎立法者意愿的正确适用等,必须诉诸一定的手段,必须尽可能地提供条件,而最为有效的方法是诉诸对方读者认可的法律语言,即法律英语。

学者们提出的法律翻译原则中总是少不了规范性原则,可见其重要性和普遍性。邱贵溪(2000)在《论法律文件翻译的若干原则》一文中第一次较全面地归纳并论述了法律文件翻译的五大原则——庄严词语原则、准确性原则、精练性原则、术语一致性原则、使用专业术语的原则。李慧(2007)在《论法律英语翻译的原则》中提出法律英语翻译应遵循的五项原则——准确性原则、同一律原则、精练性原则、词语庄严性原则和语言规范化原则。李克兴和张新红(2006)在《法律文本与法律翻译》一书中对法律文书翻译提出了六项原则——准确性及精确性、一致性及同一性、清晰及简练、专业化原则、语言规范化和集体作业。董晓波(2011)在《法律文本翻译》一书中将法律翻译的原则归纳为准确性与对等性原则、一致性与同一性原则、专业化与规范化原则、精练性与简明性原则,并指出规范性是对语言最基本的要求,语言规范化原则就是指在法律英语翻译过程中使用官方认可的规范化语言或书面语,以及避免使用方言和俚语。张法连(2009)在《法律英语翻译》一书中提出了法律翻译的四项基本原则——准确严谨性原则、清晰简明性原则、前后一致性原则、语体规范化原则,并指出法律翻译规范化原则不仅涉及法律词汇的翻译,而且涉及法律文件中常用句法、句型的翻译。张法连于2021年在《人民日报》撰文指出,应该加强话语规范化建设。法治领域国际传播面向的人群、国家制度、法律文化不同,法律语言也存在差异。让国外受众更好地认识法治中国形象,需要科学构建法治领域的对外话语体系。坚持用中国法治理论阐释中国法治实践,用中国法治实践升华中国法治理论,打造融通中外的法治新概念、新范畴、新表述,更加充分、更加鲜明地展现法治中国故事及其背后的思想力量和精神力量。以更宽广的视野、更长远的眼光构建对外话语体系,既展现中国特色、彰显中国自信,又准确把握受众的话语表达方式和接受方式。加快培养更多法律外语专业人才与法治传播人才,提升法律翻译质量,加强对外法治话语规范化建设,增强法治话语精准性,增进国外受众对法治中国的认识和认同。

国家高度重视我国法律法规英译的规范问题,早在2003年2月24日国务院办公厅发布通知《国务院办公厅关于做好行政法规英文正式译本翻译审定工作的通知》,其中明文规定:准确、及时地将行政法规翻译成英文,对于宣传我国社会主义法制建设取得的成就,方便国内外各方面更加全面、系统、准确地了解我国的法律制度,履行我国加入世界贸易组织所作的有关承诺,具有重要意义。行政法规英文正式译本的翻译和审定是一项十分严肃的工作,各有关部门应当确保行政法规英文送审稿的质量。报送国务院法制办公室审定的英文送审稿,应当做到译文、专业术语准确,符合立法原意,语言流畅,格式体例规范、统一。国务院法制办公室应当按照上述要求对英文送审稿进行审定。

国务院法制办译审处提出了法律法规翻译标准,如:(1)准确、符合立法原意;(2)专业(行业)术语正确规范;(3)遣词造句符合英文(尤其是法律英语)的表达方式;(4)与国际条约和国际惯例中的表达要衔接一致。

第二节　海洋法律文本翻译的规范性

海洋法律翻译的规范性要求译文中使用的词汇、句法、语篇均符合海洋法律英语的规范,只有这样才能使译文在受众所在的语境中被理解、接受和阅读,才能实现法律翻译的规范性功能。

一、海洋法律英语词汇的规范性

为确保词汇翻译的规范化,我们应该查证权威法律英语词典,如《布莱克法律英语词典》,参阅《联合国海洋法公约》,确定海洋法律专业词汇意义规范。如表9.1所示。

表9.1　部分海洋法律专业汉语词汇及相关英文表达

海洋法律专业汉语词汇	《联合国海洋法公约》表述	中国海洋法律文本英译
海上安全	safety at sea	maritime safety
平等	equitability	equality
法人	juridical person	legal person
所有权	title	ownership
闭海或半闭海	enclosed or semi-enclosed sea	inland sea
合法利益	legitimate interests	legal interests
无害通过	innocent passage	harmful passage

二、句子翻译规范化

要做到海洋法汉英翻译的规范化,有必要首先深入系统地研究以英语为母语的国家的海洋法律文本的立法语言特点和国际海洋法公约英文文本,并对其进行语料库统计研究,借鉴语言学、话语分析、比较法学、国际法学、海洋法学等多学科知识,对其语言进行批判地借鉴。不可盲从,小心落入西方语言陷阱,也不可一味排斥,自搞一套。综合考虑原文和译文所处的语言法律生态环境调整翻译策略。关于海洋法律英语特点,第一章已有介绍,此处再补充一些语料实证。

(一)固定句式

法律英语文本中常用固定的句式来表达特定的含义。如:表条件, if and only if(如果且仅如果), unless and until(除非与直至), where, when(如果……的,凡……的);表范围, subject to(根据……规定), without prejudice to(在不影响……的原则下), including but not limited to(包括但不限于);表目的, for the purpose of(就……而言;为了……);表权利与义务, shall(应当、必须), shall not(不得、禁止), may(可以), may not(不可)。

(二)常用被动语态

在法律文献中,为了避免给人主观臆断之感,且保持法律语言的准确性、客观性,常用被动语态。如"Such installations *shall be erected, emplaced and removed* solely in accordance with this Part and subject to the rules, regulations and procedures of the Authority."(这种设施应仅按照本部分和在管理局的规则、规章和

程序的限制下安装、安置和拆除。）。

（三）常用拉丁词汇连接句子

如"These laws and regulations shall be consistent with this Convention and may relate, *inter alia* (除其他外), to the following."。

（四）法律英语中的复杂长句较多

这是法律文件规范性、严谨性的要求和体现。如"*In cases where this Convention does not attribute rights or jurisdiction to the coastal State or to other States within the exclusive economic zone, and a conflict arises between the interests of the coastal State and any other State or States, the conflict should be resolved on the basis of equity and in the light of all the relevant circumstances, taking into account the respective importance of the interests involved to the parties as well as to the international community as a whole.*"（Article 59，UNCLOS）（"在本公约未将在专属经济区内的权利或管辖权归属于沿海国或其他国家而沿海国和任何其他一国或数国之间的利益发生冲突的情形下，这种冲突应在公平的基础上参照一切有关情况，考虑到所涉利益分别对有关各方和整个国际社会的重要性，加以解决。"）。法律英语虽然长句多，但并不是啰唆，而是为了精确描述、严格遵守语言经济学原则，该简练的地方一定要惜墨如金，如：

原文：*As appropriate*, the coastal State and competent international organizations, whether subregional, regional or global, shall co-operate to this end. (Section 2, Article 61, UNCLOS)

译文：适当情形下，沿海国和各主管国际组织，不论是分区域、区域或全球性的,应为此目的进行合作。

我们可以通过对《联合国海洋法公约》《英国渔业法(2020年)》《英国领海法》《加拿大环境保护法》等原文本中的情态助动词,以及条件状语从句引导词where、if、in the event 的使用情况进行统计(见表9.2),对照我国海洋法律英译文本,进行规范性考察。

表9.2　部分海洋法律中情态助动词及条件状语从句引导词使用情况

文件名称	shall	may	must	where	if	in the event of/in case of
《联合国海洋法公约》	1430	381	21	118	721	9
《美国渔业法(1998年)》	9	5	0	0	2	1
《英国领海法》	31	15	0	1	4	0
《加拿大环境保护法》	497	711	22	71	213	0

从上表我们可以看出,表示法制强制力的shall使用频率一般高于其他情态助动词may、must,《美国渔业法(1998年)》和《英国领海法》甚至不用must。条件状语从句引导词if的使用频率居第一,然后是where,少数地方使用 in the event of或 in case of。再来看看我国几部海洋法律文本英译中的情况(见表9.3)。

表9.3　我国部分海洋法律文本英译中情态助动词及条件状语从句引导词使用情况

文件名称	shall	may	must	where	if	in the event of/in case of
《领海及毗连区法》	16	6	2	0	2	0
《渔业法》	56	18	14	0	6	0

续表

文件名称	shall	may	must	where	if	in the event of/ in case of
《海洋环境保护法》	7	22	12	3	4	1
《海域使用管理法》	93	29	0	19	7	0
《海警法》	120	42	0	28	25	0
《海上交通安全法》 （1984年版）	43	17	23	1	15	1
《专属经济区和大陆架法》	15	3	0	1	0	0

通过比较我们可以看出其情态助动词shall、may、must的用词频率基本和英语国家海洋法律文本同步,不过must使用频率明显过高。引导假设条件状语从句的先行词if、where的使用频率与英语国家海洋法律文本不一样。这些数据并不代表我们必须以英语国家或国际条约为标准,不过为了与英语世界的法律英语更加接轨,我们或许可以参照着改进一下。

我们再来看一些海洋法律文本中经常出现的词组搭配。如:"有权""生效"。

原文:海警机构因调查海上违法行为的需要,有权向有关组织和个人收集、调取证据。有关组织和个人应当如实提供证据。《海警法》

译文:A coast guard agency shall have the power to collect and obtain evidence from any relevant organization or individual as needed for an investigation into maritime violations. The relevant organization or individual shall truthfully provide evidence.

此处的"有权"在国际条约和英语国家法律中如何表述呢？请看表9.4的统计。

表9.4 "有权"在部分国际条约和英语国家法律中的表述

文件名称	have the right	has the right	have the power	has the power	be entitled to
《联合国海洋法公约》	20	6	6	0	14
《加拿大环境保护法》	0	2	0	0	0

我们可以看出,have(has)the right 的使用频率远远高于 have(has)the power,《加拿大环境保护法》中没有出现 have(has)the power。因此我们在翻译"有权"时,最佳选择还是 have(has)the right。

"生效"在我国海洋法律文本中有很多种译文,常见的有 come into force、enter into force、go into effect、take effect 等,这些表述在国际条约和英语国家法律中的使用情况如表9.5所示。

表9.5 "生效"在部分国际条约和英语国家法律中的使用情况

文件名称	come into force	enter into force	go into effect	take effect
《联合国海洋法公约》	0	7	0	6
《英国渔业法(2020年)》	11	0	0	0
《英国领海法》	1	0	0	0

续表

文件名称	come into force	enter into force	go into effect	take effect
《加拿大环境保护法》	2	0	0	2

如上表所示,《联合国海洋法公约》中一般使用 enter into force 表示"生效",而英语国家法律使用较多的是 come into force。为了与国际条约保持一致,我们建议我国海洋法律文本英译统一使用 enter into force 来翻译"生效"。

中国海洋法律文本中经常出现的"依照""按照"等也出现了多种译文,有 in accordance with、in compliance with、in conformity with、in line with、in light of、according to 等。我们来看看国际条约和英语国家法律文本中的情况(见表9.6)。

表9.6 "依照""按照"等的英译在部分国家条约
和英语国家法律文本中的使用情况

文件名称	in accordance with	in compliance with	in conformity with	in line with	in light of	according to
《联合国海洋法公约》	289	3	39	0	0	3
《英国渔业法(2020年)》	85	0	0	0	0	1
《加拿大环境保护法》	84	0	0	0	2	0

《联合国海洋法公约》和英语国家法律文本中使用频率最高的是 in accordance with。从搭配分析来看, in accordance with 后一般接的是 convention、law、regulations、treaty 等, 强调的是"遵照, 遵守"。如 "The straight baselines shall remain effective until changed by the coastal State *in accordance with* this convention."。

in conformity with 后面接的名词是 convention、conditions、principles、terms、specification、rules、standards 等, 强调的是"一致"。如 "States shall ensure that vessels flying their flag are periodically inspected in order to verify that such certificates are *in conformity with* the actual condition of the vessels."。

in compliance with 后面接的名词有 requirement、regulation、rules 等, 强调的是"遵守"。如 "States shall, in particular, take appropriate measures in order to ensure that vessels flying their flag or of their registry are prohibited from sailing, until they can proceed to sea *in compliance with* the requirements of the international rules and standards referred to in paragraph 1, including requirements in respect of design, construction, equipment and manning of vessels."。

in light of 的意思是"鉴于, 考虑到", 后面一般接 conditions、threats。

如 "The fundamental purpose of sentencing for offences under this Act is to contribute, *in light of* the significant and many threats to the environment and to human health and to the importance of a healthy environment to the well-being of Canadians, to respect for the law protecting the environment and human health through the imposition of just sanctions that have as their objectives."。

因此,我们在翻译"依法"时,使用 in accordance with the law 比较符合法律英语习惯。

第三节　中国海洋法行政法规翻译问题评析

原文:《中华人民共和国海洋石油勘探开发环境保护管理条例》

译文: Regulations of the People's Republic of China on Administration of Environmental Protection in the Exploration and Development of Offshore Petroleum

评析: of Environmental Protection 对 Administration 是一种界定,因此 Administration 是一种特指,前面应该加上 the。

原文:《关于商船通过老铁山水道的规定》

译文: Regulations Required to be Observed by Merchant Vessels Passing Through the Lao Tieh Shan Channel

评析:passing 表示"正在通过",这里应该用 to pass,表示"如果要通过(老铁山水道应该遵守这些条例)"。

原文:《外国籍非军用船舶通过琼州海峡管理规则》

译文: Regulations Governing Non-Military Foreign Vessels Passing Through the Qiongzhow Haixia

评析:Qiongzhow 中的"zhow"受到了威妥玛式拼音的影响,应该用汉语拼音 Qiongzhou。威妥玛(Thomas Francis Wade),英国外交官、著名汉学家,曾在中国生活四十余年,以发明用拉丁字母标注汉语发音系统"威妥玛式拼音法"而著称。此方法曾在欧美广为使用,现逐渐被汉语拼音取代。威妥玛式拼音的最大特点是利用送气符号(')来表示送气的声母。其在1958年中国推广汉语拼音方案前广泛被用于人名、地名注音,影响较大。1958年后,逐渐废止,除了少数需要保持文化传统的场合外,基本不用,除一些已成习用的专有名词如I-ching(易经)、Tai-chi(太极)仍保留威妥拼音以外,大多数地名(见表9.7)、人名已使用汉语拼音。

表9.7　部分地名的威妥玛式拼音和汉语拼音

汉语地名	威妥玛式拼音	汉语拼音
通州	Tungchow	Tongzhou
海口	Hoihow	Haikou
钦州	Yamchow/Yenchow	Qinzhou
柳州	Liuchow	Liuzhou
温州	Wenchow	Wenzhou
郑州	Chengchow	Zhengzhou
漳州	Changchow	Zhangzhou

作为"非军用外国船只"的"外国籍非军用船舶"的准确译文是 foreign vessels for non-military purposes。non-military foreign vessels 指的是"非军用外国船只",然而我们知道,外国军队经常征用商船运输军用物资。民船或商船一旦被外国军方征用,那么

就变成了"军用船只"。翻译的时候一定要严谨准确,不能向外国船舶传递不准确信息。

原文: 主管部门接到报告后,应及时将作业地点、时间等通告相关单位。(《中华人民共和国海洋石油勘探开发环境保护管理条例》)

译文: Article 13 The competent departments, on receiving the report, <u>timely</u> shall notify the relevant units of the place and time of the operations.(《海洋法规选编》)

评析: 副词timely应该放在情态助动词shall之后。

原文: 第十四条 主管机关<u>有权</u>对海底电缆、管道的铺设、维修、改造、拆除、废弃以及为铺设所进行的路由调查、勘测活动进行监督和检查。对违反本规定的,主管机关可处以警告、罚款直至责令其停止海上作业。(《铺设海底电缆管道管理规定》)

译文: The competent authorities shall <u>have the power</u> to supervise and inspect the laying, maintenance, alteration, dismantling and abandonment of submarine cables and pipelines as well as the relevant investigation and surveying activities conducted for the laying of submarine cables and pipelines. The competent authorities may impose on violators of these Provisions such penalties as a warning, fine, up to an order to cease their operations at sea.(《海洋法规选编》)

评析:"有权"在《联合国海洋法公约》中经常出现,其英文表述为have right to。"have the power to"是日常生活中使用的生活用语,表示"有权力,有能力",语义比较宽泛。

原文：第一条　为了加强对在中华人民共和国管辖海域内进行涉外海洋科学研究活动的管理，促进海洋科学研究的国际交流与合作，维护国家安全和海洋权益，制定本规定。(《中华人民共和国涉外海洋科学研究管理规定》)

译文：Article 1 These Provisions are formulated for the purpose of improving the administration of activities of foreign-related marine scientific research in the sea areas under the jurisdiction of the People's Republic of China, promoting international exchange and cooperation in marine scientific research, and safeguarding State security and its maritime rights and interests. (《海洋法规选编》)

评析："海洋权益"的准确翻译为 marine rights and interest，前面已有论述，在此不再赘述。

原文：第二十四条　从事海水养殖的养殖者，应当采取科学的养殖方式，减少养殖饵料对海洋环境的污染。因养殖污染海域或者严重破坏海洋景观的，养殖者应当予以恢复和整治。(《防治海洋工程建设项目污染损害海洋环境管理条例》)

译文：Article 24 Persons engaged in marine culture shall take scientific culture methods to reduce the pollution to the marine environment caused by fishing baits. Where marine culture causes pollution of the sea areas or seriously damages the marine landscape, they shall have them restored or rectified. (《海洋法规选编》)

评析："海洋养殖"的英文表述为 mariculture 或 sea farming。

此处的"marine culture"很容易让人误读为"海洋文化"。

原文:被检查单位和个人应当如实提供材料,不得拒绝或者阻碍监督检查人员依法执行公务。(《防治海洋工程建设项目污染损害海洋环境管理条例》)

译文:Article 44 The units and individuals under inspection shall provide truthful materials, and may not refuse or obstruct the supervisors and inspectors who perform their official duties in accordance with law.

评析:"不得"表示法律上的"禁止",应该用shall not才能在情态上对等。may not在语气上的强烈程度与原文中的"不得"是不匹配的,其表示"可以不",没有原文的无可置疑的权威性。

原文:第五十九条 本条例自2006年11月1日起施行。(《防治海洋工程建设项目污染损害海洋环境管理条例》)

译文:Article 59 These Regulations shall be effective as of November 1,2006.(《海洋法规选编》)

评析:"施行"一共有 be implemented、come into force、go into effect、take effect等译法,这里又冒出了个 be effective。整部海洋法,"施行"译法何其多!

原文:第三十二条 违反本条例规定,侵占、损毁、拆除或者擅自移动基础测绘设施的,责令限期改正,给予警告,可以并处5万元以下罚款;造成损失的,依法承担赔偿责任;构成犯罪的,依法追究刑事责任;尚不构成犯罪的,对负有直接责任的主管人员和其他直接责任人员,依法给予处分。(《基础测绘条例》)

译文:Article 32 Where, in violation of the provisions of these

Regulations, any entity <u>seize</u> and occupies, damages and destroys, dismantles or without authorization removes any basic surveying and mapping facilities, <u>it</u> shall be ordered to make a correction within a time limit, and be given a warning, and may be concurrently fined not more than RMB 50 000 yuan. If any loss has been caused, <u>it</u> shall be liable for the compensation. If any crime is constituted, <u>it</u> shall be subject to the criminal liabilities. If no crime is constituted yet, the directly responsible person-in-charge and other directly liable persons shall be given a sanction according to law.（《海洋法规选编》）

评论："seize"的主语是 any entity,故其谓语动词应该加"s",此处属于低级语法错误。国家海洋局政策法规和规划司编的《海洋法规》中出现这样的错误实属不该。

原文：第三十五条 本条例自 2009 年 8 月 1 日起<u>施行</u>。

译文：Article 35 These Regulations shall <u>be implemented</u> as of August 1,2009.

评析：前面我们谈过,"施行"的英译有 go into effect、come into force 等,这里又冒出来个 be implemented,虽说这几个词组在语义上都能说得通,但将海洋法律法规当作一个有机整体来看,最好还是统一起来,以体现法律的严谨性和规范性。

参考文献

董晓波,2011.法律文本翻译[M].北京:对外经贸大学出版社.

李慧,2007.论法律英语翻译的原则[J].怀化学院学报,26(5):133-134.

李克兴,张新红,2006.法律文本与法律翻译[M].北京:中国对外翻译出版公司.

邱贵溪,2000.论法律文件翻译的若干原则[J].中国翻译(2):14-17.

谭载喜,2004.西方翻译简史[M].北京:商务印书馆.

张法连,2009.法律英语翻译[M].济南:山东大学出版社.

第十一章

国家翻译学视野下的中国海洋法律文本英译

　　2021年5月31日,习近平总书记在主持十九届中共中央政治局第三十次集体学习时发表重要讲话,强调:"讲好中国故事,传播好中国声音,展示真实、立体、全面的中国,是加强我国国际传播能力建设的重要任务。"2011年11月16日公布的《中共中央关于党的百年奋斗重大成就和历史经验的决议》指出,要"加快国际传播能力建设,向世界讲好中国故事、中国共产党故事,传播好中国声音"。黄友义(2022)指出,向世界翻译中国,构建中国话语和中国叙事体系,提高国际传播能力是历史使命,更是新时代推进中华民族伟大复兴的必然要求。中国海洋法律翻译是向世界传播中国海洋法律和中国海洋法治理念的重要途径,提升中国海洋法律翻译能力、培养高质量中国海洋法律翻译人才成为打通国际海洋法律传播最后一公里的关键因素。

第一节　国家翻译学的定义

"国家翻译学"这一概念来源于"国家翻译实践"这一概念。"国家翻译实践"作为一个译学概念最早出现在2012年任东升主持的国家社科基金项目"国家翻译实践中的'外来译家'研究"中。多年来,国家翻译实践研究因循"概念化→理论化→学科化"三步走战略,获得长足发展,现已走上国家翻译学学科构建轨道。杨枫(2021)认为,国家翻译学以国家翻译实践为研究对象,旨在揭示国家翻译理论与实践的规律,涉及国家翻译的主体、行为、现象、机制、制度、政策、接受、影响以及方式和方法,目标是助力国家规划翻译制度,培养国家翻译人才,提升国家翻译能力,促进国家翻译传播,增强国家话语能力,改善国家文化形象。任东升(2019)指出,国家翻译学是一门新兴综合性应用型超学科,逻辑起点是国家翻译实践和国家治理过程中出现的翻译需求,研究对象是现象化的国家翻译实践,研究任务是揭示国家翻译实践的本质规律,探索国家翻译实践的有效路径,最终落实到应用层面,服务国家治理的战略需求。

对于国家翻译体系建设,黄友义(2021)指出,70多年来的国家翻译实践历史表明,中国已走出一条符合自己发展需求的翻译制度化之路,形成了独特的国家翻译体系,国家翻译机构是中国特色翻译制度的实施保障。有必要构建与形势相符、运转有效、效果导向的国家翻译体系,重中之重是建设一支能够满足新时代国家翻译需求的多语种、实践型、专业化翻译人才队伍。关于国家翻译批评,《上海翻译》主编傅敬民表示,任何理论的发展都不能缺失其批评功能,因此应重视翻译批评的理论建设作用,充分发挥翻译批评研究的正功能、反功能、显功能、潜功能,以批评促发展,推进国家翻译实践研究的系统深入发展。关于国家翻译人才队伍建设,《中国翻译》主编杨平强调,国家翻译实践和国家翻译能力建设是对外话语体系、国际传播能力建设的重要组成部分,其核心要素是翻译人才队伍建设。要从服务国家工作大局出发,高度重视翻译工作,切实推动翻译学科建设高质量发展,培养能满足国家现实需求、胜任国家重大翻译任务的高素质、复合型翻译人才。要加强翻译人才队伍建设的顶层设计与科学管理,强化"一带一路"关键领域的翻译人才培养规划,建立翻译人才队伍建设支撑体系,实现"育得出、用得上和留得住"的人才队伍建设目标。张法连(2021)指出我们要加强法治领域国际传播能力建设,打造融通中外的新概念、新范畴、新表述,做好中国法治理念和相关法律的对外宣介,向世界更好展示法治中国形象,让国际社会更准确了解中国法治建设状况,促进法治文明交流互鉴。

综合以上学者的研究,我们可以这样说,国家翻译学是以国家为翻译主体的国家翻译实践的超学科研究,包括国家翻译体系建设、国家翻译人才队伍建设、国家翻译能力建设等。

第二节　国家翻译学与中国海洋法律翻译

作为一门以国家为主体的翻译研究超学科,国家翻译学的研究范围至少应包括国家翻译统计学、国家翻译史、国家翻译接受学、国家翻译与国家发展的关系、国家翻译与国家国际地位的关系。结合海洋法律翻译研究领域,受国家翻译学理论的启发,我们认为,中国海洋法律文本翻译研究属于国家翻译实践研究,并从中国海洋法律文本翻译实践中可以归纳总结出法律翻译理论,上升为国家翻译理论,因此中国海洋法律文本翻译研究是来源于国家海洋法律翻译实践并不断进行理论升华的国家海洋法律翻译理论研究,是理论与实践的有机结合,在以下三个方面都大有研究空间和价值:(1)国家海洋法律翻译学理论性研究(theoretical research),即将国家翻译实践理论研究成果应用于国家海洋法律文本翻译领域,并对国家翻译理论的应用价值和效果进行检验和反馈,反哺、修正、丰富国家翻译理论研究;(2)国家海洋法律翻译实用性研究(practical research),即从国家海洋法律翻译实践的具体需求出发,解决国家海洋法律翻译实践过程中实操性、技术性问题,如海洋法律翻译策略方法、海洋法律翻译原则、海洋法律翻译术语库构建、海洋法律翻译平台建设等;(3)政策性建议(policy suggestions),即发挥国家海洋法律翻译研究的智库功能,面向国家的海洋强国战略需求、国家的海洋治理战略需求、国家海洋法律翻译实践需求和世界"海洋命运共同体"构建需求,从宏观层面向国务院有关部门,如国家海洋管理局提出政策建议,如国家海洋法律翻译人才体系建设、国家海洋法翻译人才培养体系构建、国家海洋法翻译国家标准体系构建、国家海洋法律翻译专业化制度建设、国家海洋法律翻译资源规划、国家海洋法律翻译国际传播机制建设等。

第三节 国家翻译学视野下中国海洋法律文本翻译问题解决对策建议

中国海洋法律翻译质量出现了许多问题,有待提高。之所以出现翻译质量问题,首先是因为中国海洋法律翻译的研究不够,国家海洋法律翻译需要良好的海洋法律翻译研究基础,只有基于研究的实践才是高水平的实践,专业化海洋法律翻译尤其如此。针对这一问题,我们应建立国家海洋法翻译研究中心,组织专家学者专门对国家海洋法翻译进行深入系统研究,组建国家海洋法翻译专家委员会,使国家海洋翻译实践建立在研究的基础之上,建立国家海洋法翻译规范和国家标准,更加科学系统规范地保障我国海洋法翻译的高质量和高水平。

其次,海洋法律翻译的统筹规划上没有进行系统化管理,缺乏一支稳定的高水平国家海洋法律翻译团队,应该组建国家海洋法翻译团队,组建国家海洋法翻译中心,组建一支精通海洋法和法律翻译的高水平翻译队伍,组成团队,统筹安排,对翻译的选材、用词、校对、译审等都要进行翻译过程管理,让译前、译中和译后三个阶段都得到强有效的质量管理。加强海洋法律翻译评论。

再次,目前国家海洋法律翻译人才奇缺,出现了"青黄不接"的现象,这与我国日益严峻的海洋权益斗争形势严重不相称,国家急需一批讲政治、有法治思维、具有国家意识、维护国家海洋权益、熟悉国际海洋法规则且精通海洋法和海洋法律英语并具有高超翻译水平的高层次海洋法律翻译人才。应该重点建设一批国家海洋法翻译人才培养基地,加强与国际海洋法翻译界交流;并不断培养国家海洋法律翻译人才,使国家的海洋法律翻译事业后继有人,一代比一代强。

最后,国家海洋法律翻译的传播效果不够理想。我国海洋法律翻译的国际影响研究不够,对于我国海洋法律文本的外译效果和国际传播效果我们知道得不多,也不了解国际社会如何理解我国的海洋法律翻译文本,国际上对我国的海洋法律翻译文本的理解有没有偏差、误解,是否接受我们的翻译,等等,对此我们掌握的信息似乎并不多。应该组织力量到国外进行调查研究,以改进我国海洋法律翻译的质量和传播效果。

第四节　中国海洋法翻译实践对法律翻译学和国家翻译学的理论反哺

中国海洋法律翻译能力是国家法律翻译能力的一部分,是国家翻译能力的重要组成部分,对提升中国国家形象、参与国家话语、提升中国影响力、实施国家战略有着重要意义。从中国海洋法律翻译出现的问题我们可以看出,建立法律翻译学乃至国家翻译学迫在眉睫。

从翻译研究的对象来看,中国海洋法律翻译研究属于法律翻译研究。中国海洋法律翻译实践中出现的诸多问题是由缺乏法律翻译学的系统性知识结构和知识体系造成的。我国的法律翻译学尚未建立,系统科学地对法律翻译的规律进行研究迫在眉睫。法律翻译学是跨法学、语言学、翻译学、传播学等多学科的跨学科研究。

从翻译主体来看,中国海洋法律翻译研究属于国家翻译研究,中国海洋法律翻译即由国家出面组织实施的国家翻译行为。提高中国海洋法律翻译能力是提高国家法律翻译能力乃至国家翻译能力的重要组成部分。从国家翻译学的高度思考翻译问题能够做好顶层设计,高屋建瓴,抓住问题的要害。以国家为主体,组建相关部门,统筹组织力量,翻译国家的重要文献文本,加强过程管理,进行历时的修订,跟进翻译的影响,持续改进,有助于树立良好的国家形象,创造良好的国际环境,增进国际社会对国家的理解,维护国家利益。国家翻译学研究的方向应随着中国国力的不断提升而发生转变,我们日益接近世界舞台的中央,世界需要了解我们,翻译的战略方向已经从翻译世界向翻译中国而转变,翻译主体从个人翻译行为走向国家翻译行为,翻译叙事从个人叙事走向国家叙事。

参考文献

黄友义,2022. 做好中央文献翻译,打通国际传播的最后一公里[J]. 天津外国语大学学报(2):1-10.

任东升,2019. 国家翻译实践概念体系构建[J]. 外语研究(4):92-97,103.

杨枫,2021. 国家翻译能力建构的国家意识与国家传播[J]. 中国
　　翻译(4):15-19.

张法连,2021. 涉外法治专业人才培养需要厘清的几个问题[J].
　　新文科教育研究(4):5-15.

结　论

　　本书基于文本细读、对照,发现了中国海洋法律文本英译中存在不少突出性问题,如术语混乱、用词不准确、译文功能不对等、语言冗余不简明、各部门法译本孤立不系统、语言不规范等。这些问题的存在都是与我国的海洋大国身份不相匹配的,更加不利于我国的海洋强国战略的实施。在此基础上,本书结合法律英语特点和翻译理论对中国海洋法律文本英译中的问题进行了评析,归纳总结出了一系列海洋法律文本英译原则:通约性原则、准确性原则、对等性原则、一致性原则、简约性原则、创造性原则、系统性原则、忠实性原则、规范性原则等。

　　这些原则互相独立又互相联系,如:准确性原则是对等性原则的基础,法律术语和词汇翻译准确了,才能实现不同法系不同语言中的功能对等;一致性原则是通约性的基础,法律术语翻译与国际法律术语一致才能实现通约,不过值得一提的是,一致性原则又具有相对性,不是所有的法律术语翻译都必须和国际法律术语表述一致,我们必须站在维护国家海洋权益的坚定立场上对国际法律术语进行批判式分析,如果是有损于我国海洋权益的表述,我们是绝对不能与它们“一致”的,也不能与它们“通约”,这时候就需要我们"以我为主""从我出发",站在我方的立场进行科学而又客观的"创造",运用创造性原则,创造出能够准确表述立法意图又能为英语世界所准确理解的法律英语表达。简约性原则、规范性原则、系统性原则都是为了更加高效、规范和系统地传播我国海洋法律文本英文版,助力我国的海洋法涉外法治。这些原则来源于海洋法律文本英译实践,但又对其他法律翻译也有借鉴意义和指导作用。

然而,囿于能力和时间的限制,本书只是对该领域的初步研究,如果能做到抛砖引玉、促使更多更有能力的专家学者来共同研究这一话题,共同来讨论这一话题,对拙著提出批评指导意见,那么我们就算是迈出了成功的第一步。随着研究的深入,我们发现这一领域是一个极其重要同时又急需深入研究的领域,还有很多话题值得我们深入研究,如:

一、海洋法律翻译人才培养研究

海洋法律翻译人才是搞好海洋法律翻译工作的主力军,如没有一支强大而专业且具有国际视野的海洋法律翻译人才,提高我国海洋法律文本翻译水平将无法实现。海洋法律翻译人才应该具备法律英语、海洋法学、翻译学等多学科知识和能力,而我国目前尚没有这方面的专业设置。精通法律英语和海洋法律同时又具有专业的翻译能力的人才奇缺。因此我们建议涉海院校开设"海洋法律英语"相关课程,有条件的高校应该整合资源,主动对接国家海洋战略,设置海洋法律翻译专业和相关方向的翻译硕士点。这也是符合目前的"新文科"建设和外语专业改革的大趋势的。另外,海洋法律文本翻译需要有坚定的政治立场和国家意识,与思政课程的有机结合,以完美地做到"化盐于水",互相促进。

二、国家翻译能力视角下的中国海洋法律文本翻译研究

海洋法律翻译研究属于法律翻译研究。目前法律翻译研究已经成为学术研究热点,如《民法典》的翻译研究,然而海洋法律翻译研究少有人问津。这不能不说是一个怪现象。形成良好的海洋法律研究和评论氛围有利于我国海洋法律翻译实践的不断成熟和完善。随着国际形势的日益复杂化,提升国家翻译能力迫在眉睫。国家翻译能力这一概念已成为翻译研究的热点话题,而海洋法律文本翻译质量和水平是国家翻译能力的集中体现之一。国家海洋管理部门应该重视这一项目并组织全国海洋法律翻译专家对我国海洋法律文本进行全面的研究和改进。

三、建立中国海洋法律文本翻译语料库和相关研究

语料库方法在翻译研究中的广泛应用,大大提高了我国翻译的水平和科学性。中国海洋法律文本翻译文本语料库还有待建立,基于此,运用语料库语言学和翻译学理论方法结合国际海洋法文本语料库进行对比分析,将会提升我国海洋法律翻译研究和实践的水平。

四、地方海洋法规的英译研究

我国沿海各省市颁布了许多地方海洋法规,其中有相当一部

分未译成英文。随着全球化和我国海洋事业的发展,地方海洋行政法规也有必要译成英文,相关研究也有必要跟进,基于研究的翻译实践有利于保障我国地方海洋法律法规翻译的高质量和高水平。

总之,随着我国海洋事业的蒸蒸日上,我国将逐渐从海洋大国走向海洋强国。目前我国的海洋法律文本翻译质量是无法满足我国的海洋强国战略需求的。加快相关研究,统筹学术力量进行重新翻译,迫在眉睫。希望国家相关部门高度重视,在教育、研究和实践等各个环节加大投入,尽快改进我国海洋法律文本英译质量,构建具有中国特色的海洋法律英语话语体系,提升我国海洋法治国际形象,维护以《联合国海洋法公约》为纲领的国际海洋秩序,反对西方海上霸权。因此,提高我国海洋法律文本英译质量,对更好地对外宣传我国海洋法律和法治思想,创造更好的国际海洋环境,维护我国的海洋权益,助力我国的海洋强国战略,有着极其重要的意义。

后　记

　　随着我国改革开放的深入、综合国力的不断提升,海洋在我国的发展过程中扮演着越来越重要的角色。近年来,我国的合法海洋权益屡遭挑战和侵犯,西方霸权国家妄图从海上遏制我国的对外开放和经济发展。如何利用法律手段维护我国的海洋权益成为我国实施海洋强国战略的当务之急。

　　多年来我一直在高校从事英语教学和研究,研究方向以英美文学研究尤其是叶芝研究为主。然而,自大学本科以来,我一直有一个"法律梦",对法学和法律英语颇感兴趣,只是因为工作过于繁忙,一直腾不出手来专门进行法律英语研究。

　　2019年末,新冠肺炎疫情突如其来,国际形势风云变幻,世界充满了不确定性。全国人民众志成城,在党的坚强领导下,共克时艰,很快控制了疫情,稳住了经济。作为一名公民,我深深感受到了国家发展的不易。俗话说,国家兴亡,匹夫有责。作为一名大学教师,除教书育人外,我一直希望做一些实实在在的学术研究为祖国分忧。能力虽然有限,忠心却苍天可鉴。另外,我也有一个小小的愿望,那就是带着自己的家人去海边看看。此时欣闻浙江海洋大学外国语学院正在大力招聘博士,而且将以海洋为特色发展外语学科,并计划以海洋法翻译研究作为主攻方向。从事海洋法翻译研究无疑是学术报国的好机会。这对我来说可是个不小的诱惑——美景、美食和学术(海洋景观、海鲜和海洋法翻译研究)的三重诱惑。于是,经过慎重考虑,排除了种种阻力,微笑面对各种不解的眼神,毅然从任教十八年的浙江工商大学外国语学院调入浙江海洋大学外国语学院工作。舟山是一个漂亮的海上花园城市,空气新鲜,环境宜人,正在修建甬舟高铁,四年后通车,与上海连接的公铁路也在规划之中。舟山大有发展前景。呼吸着舟山新鲜的空气,品尝着舟山的各种美食,结识了许多良师益友,在领导同事的关心帮助之下,教学科研工作进展顺利,生活舒适开心。

浙江海洋大学外国语学院为发展海洋特色外语研究,专门成立了海洋应用语言与文化研究院,聘请了中国政法大学外国语学院、中国法律英语领军人物张法连教授担任特聘教授兼研究院名誉院长,同时任命我为研究院院长,对接我的法律英语研究兴趣,给我提供了海洋法律英语研究的突破口。为学院的海洋特色发展贡献自己的绵薄之力,实乃人生幸事。在张法连教授和刘法公院长的悉心指导下,我始而所悟良多,终而付诸行动,以中国海洋法律文本英译为抓手,以问题为导向,结合国内外翻译理论和法律翻译研究成果,在细读文本的基础上对中国海洋法律文本英译中存在的问题进行评析,并基于此尝试提出了一些翻译指导原则。这种自下而上的翻译研究比较务实,不空谈理论,属于归纳性研究。而进行翻译原则探索,在大量的实例分析基础上提出翻译原则可以说是归纳性研究和演绎性研究的结合,既脚踏实地,又仰望星空。当然,限于本人能力有限,本书疏漏难免,恳请方家斧正,以便本人进一步努力研究和改进。希望本研究能够引起中国海洋法律翻译界的专家学者对这一领域的重要性和紧迫性的重视,期盼相关专家学者批评指正。

衷心感谢张法连教授、刘法公教授、许金权书记及其他所有帮助过我的领导和同事。Last but not the least,我必须要感谢自己的家人,尤其是爱妻对我的大力支持。最后衷心祝愿浙江海洋大学外国语学院海洋特色外语研究更上一层楼。

胡则远

2022 年 5 月于舟山